The Letter of Paul to Titus

シリーズ 新約聖書に聴く

テトスへの手紙・
ピレモンへの手紙に聴く

健全な教えとキリストの心

船橋　誠［著］

The Letter of Paul to Philemon

いのちのことば社

はじめに

テトスへの手紙とピレモンへの手紙は、新約聖書の配列では隣り合わせの手紙です。どちらも使徒パウロがその晩年に書いたものです。テトスへの手紙は、紀元六三年から六五年ごろに書かれ、ピレモンへの手紙は六一年ごろに書かれたと言われています。テトスへの手紙は牧会書簡に分類され、ピレモンへの手紙は獄中書簡の一つとして数えられています。パウロの記した書の中で、最も短い書簡の二番目と一番目ということで、新約聖書でこのように並べ置かれたのではないかと思います。両書には、神の恵みとしての福音、みことばに従って生きる歩み（テトス二章）、信仰による愛と赦し（ピレモン）などが記されています。このように短くても、私たちの信仰生活にとって、信仰の本質とも言える内容を簡潔に記している書物であると思います。

宣教の働きの中で幾多の苦難をくぐり抜け、円熟の極みに達していた使徒の記したことばは、真理のみことばとして、私たちの心に深く染み込むような味わいを持っています。この二つの短い書をしっかりと読んで学ぶだけでも、新約聖書の中でパウロが語っている教えのエッセンスをとらえることができるでしょう。

両書がコンパクトなものであることは、パウロの書簡全体を学んでいくうえでも、いろいろな恵みがあります。四大書簡（ローマ人への手紙、コリント人への手紙第一と第二、ガラテヤ人への手紙）は、新約聖書全体においても、教理的な意味においてもたいへん重要ですが、その分量の多さと内容の広さから、ときに学ぶ者を躊躇させるようなこともあります。その点、このテトスへの手紙とピレモンへの手紙は、いたって小品であるため、学ぶ際の障壁は感じにくく、とても取り組みやすい書簡です。「パウロ書簡入門」として学ぶことも可能でしょう。

また、両書の共通点は、個人宛の手紙であるということです。背景として、それぞれに教会ということが意識されてはいますが、直接には個人に語りかけられていることにその特色があります。諸教会の監督的地位にあったテトス、そして家の教会を主催する信徒リーダーのピレモンが、手紙の一番目の読者として書かれたものです。

パウロの使徒的な権威に基づく両者への期待と勧めは、神ご自身からの語りかけそのものでした。パウロの思いをよく考えながら、この宛先であった人たちに自分を重ねるようにして読んでみてください。きっといろいろと大切なことが見えてくるはずです。テトスへの手紙は神の恵みの現れに基づいての牧会について書かれ、ピレモンへの手紙は主の愛による他者への赦しを示していますが、それぞれを通して、私たちに語りかけてくる主のみことばを共に尋ね求めていきましょう。

目次

テトスへの手紙について

テトスへの手紙は、いつごろ書かれたものでしょうか。また、その著者はだれでしょうか。他の二つの牧会書簡（テモテへの手紙第一と第二）とともに、この二つの質問（いつごろ、だれによって）の答えを別々に考えることはできないと思います。

まず、だれによって書かれたかについてですが、一章一節に「神のしもべ、イエス・キリストの使徒パウロから」と明言されています。このことばをそのままに受け取れば、この手紙の著者は使徒パウロであったことになります。

それでは次に、彼がいつこの書簡を書いたのかということですが、手がかりとなるのは一章五節で、「私があなたをクレタに残したのは、残っている仕事の整理をし、私が命じたとおりに町ごとに長老たちを任命するためでした」と書かれているところです。この記述から容易に推測できることは、パウロがクレタ島でテトスといっしょに伝道したということ、そしてその後、テトスをこの島に残して、残りの仕事を委ねたということです。

パウロの宣教の歩みのほとんどは、ルカの書いた「使徒の働き」に記されていますが、そこには彼が三回の伝道旅行後、逮捕されてカエサルに上訴し、ローマに行ったことが書かれています。そして、そのローマで軟禁されたところで終わっていて、クレタ島での宣教への言及はありません。牧会書簡以外のパウロの手紙にもこのことは書かれていません。テトスへの手紙、ならびにテモテへの手紙第一と第二をパウロの真正な書簡として理解しようとすると、「使徒の働き」に記された範囲内に位置づけることができず、その後の彼の日々を描いたものであると理解しなければなりません。ローマで書いたとされるピリピ人への手紙では、「私自身も近いうちに行けると、主にあって確信しています」（二・二四）とあり、同時期に記されたピレモンへの手紙にも、「同時に、私の宿も用意しておいてください。あなたがたの祈りによって、私はあなたがたのもとに行くことが許されると期待しているからです」（ピレモン二二）とあって、釈放される見込みがあることを示唆しています。

このこととテトスへの手紙の記述を総合して推論すると、パウロはローマで軟禁されていましたが、一旦解放されて、ローマ帝国の東部で伝道活動を続けたと考えられます。もしかすると、イスパニア（スペイン）を訪れたいという彼の願いさえも果たされたのかもしれません（ローマ一五・二三～二四）。使徒教父文書の『クレメンスの手紙 コリントのキリスト者へ（I）』の中に、「彼は全世界に義を示し、西の果にまで達して為政者たちの前で証を立てた」（小河陽訳『使徒教父文書』荒井献編、講談社文芸文庫、八六頁）ということばも残っています。

そうすると、牧会書簡から想像できるパウロの動きは、次のようになります。ローマから釈放後、クレタ島に渡り、テトスといっしょに伝道し、それからコリントへ行って、エラストをそこにとどまらせます（Ⅱテモテ四・二〇）。そして次にコリントからエペソへ行って、そこにテモテを残します（Ⅰテモテ一・三）。その後、エペソからトロアスへ行き（Ⅱテモテ四・一三）、トロアスからピリピへ移って、そこでテモテに第一の手紙を書いたと思われます。そしてピリピからニコポリスに着いて、そこでテトスへの手紙を記したのでしょう（テトス三・一二）。その後、テトスが、ニコポリスにいるパウロのところへ訪問して会った後に、パウロは再び逮捕されて、ローマに投獄され、そこでテモテへの手紙第二が記されたと考えられます（Ⅱテモテ一・一六、二・九）。

そのように見ると、テトスへの手紙の著作年代については、パウロがカエサルに上訴して、ローマに着いたのが紀元六〇年ごろとされており、「使徒の働き」は彼がローマにまる二年間いたと書いているので（二八・三〇）、そこから釈放されての伝道活動であったことを考えると、執筆されたのは六三〜六五年ごろと推定することができます。伝承ではパウロの殉教は皇帝ネロの時で、六八年か六九年とされ、再び捕らえられたのが六七年ごろであったようです。

しかし、こうした保守派の見解に対して、全く異なった理解をしている立場もあります。それはここまで記したような、「使徒の働き」に書かれた以降の事柄は起こらず、パウロは最初のローマでの投獄から釈放されることなく、「使徒の働き」の終わりに記されていることの後の数年間は不明であるとします。そして、殉教したのはやはり六八〜六九年であろうと考えます。

また牧会書簡の著者は、パウロ本人ではなく、パウロの信仰や考え方を継いでいった、彼よりもずっと後の時代の人であるといいます。書かれている内容や文体から推測して、パウロ主義的な人物によって、おそらく二世紀ごろに書かれたと主張しています。

両方の立場は完全に対立していて、中間的な意見はないようです。パウロの著者説を支持しない人たちはいくつかの問題点を指摘します。一つは、牧会書簡が記しているような監督や長老といった教会組織や教会政治について、パウロ自身は関心を持たなかったというものです。けれどもこれに関しては、監督や執事について言及しているパウロ書簡があることや（たとえば、ピリピ一・一など）、教会の成長と拡大期にその必要に応じて書かれた書物であると理解することができます。また、文体や語彙が他のパウロの書簡と相違しているとの指摘もありますが、これについても、パウロが牧会書簡で記さなければならなかった内容と、他の書簡で書いた内容との違いを考えれば、理解できることです。そして、彼の最晩年期に書かれたものであることや、もしかすると筆記者の助けを借りていたかもしれないこと等を考慮するならば、保守的な見解を覆すことはできないでしょう。

かえって、パウロ著作説を採らないならば、彼の名前を使って著述し、終わりのほうでパウロ個人の詳細な情報（偽作ならばフィクションとなります）を付加してまで偽りを記した文書を、偽りを嫌って真実に生きようとしていた信仰者や教会のために執筆したとするほうが受け入れがたく、理解が困難であると感じられます。

なお、これらの執筆問題の詳細な議論については、D・ガスリー著『ティンデル聖書注解　テモテへの手紙、テトスへの手紙』（村井優人訳、いのちのことば社）や、E・F・ハリソン著『新約聖書緒論』（島田福安訳、いのちのことば社）などを参照してください。

執筆者　　パウロ
執筆場所　ニコポリス
執筆年代　紀元六三～六五年ごろ

1　牧会の心をもって

〈テトス一・一〉

「神のしもべ、イエス・キリストの使徒パウロから。――私が使徒とされたのは、神に選ばれた人々が信仰に進み、敬虔にふさわしい、真理の知識を得るためで」

すべてのキリスト者は広い意味での牧会者

テトスへの手紙は、わずか三つの章しかなく、一章が十六節、二章と三章がそれぞれ十五節で、全部合わせても四十六節しかない、本当に短い新約聖書中の一書です。このように分量は少ないのですが、この書は「新約聖書の最高の要約」と評されたり、「神の恵みのポートレート」とも呼ばれたりしました。確かにこの手紙は、神の恵みの重要な教えが小さな器の中にギュッと濃縮され、収められているような感じがします。そういう意味では、この書を学ぶにあたっては、全体の内容に注意を払いながら、一文一文をじっくりと味わって心に深くとどめるようにすることが必要です。

この書とテモテへの手紙第一と第二とを合わせての三書簡は、一般に「牧会書簡」(Pastoral Epistles) と呼ばれています。牧会というと、教会の牧師が行う働きで、専門的にそういう奉仕をしている人以外に直接には関係がないと思われるかもしれませんが、決してそうではありません。聖書はどの書も、すべての人々に語りかけている神のことばです。それに、牧師であっても信徒であっても、教会に集っている人はみな主にある兄弟姉妹として、共に協力して、キリストのからだとしての教会を、信仰の共同体として建て上げていく働きに導かれています。一人ひとりが助け合い、互いに支え合う働きと責任を負っているという意味では、教会に属している人のだれもが牧会の一部分を担っていると言ってよいでしょう。

牧会とは、神によって選ばれ、召し出された人たちである羊の群れを、羊飼いである者たちが大切にお世話をして、その成長を願いつつ助けていく働きです。成長過程にある子どもを持っておられる方は、子どもにとっての霊的な牧会者ですし、教会学校で奉仕をしておられる方は、生徒たちを霊的に育てて導いていく羊飼いとしての役割を担っています。そしてすべてのキリスト者は、これから霊的に新しく生まれようとしている人々の助産師的役割を担っているのであり、たましいの羊飼いとしての歩みを期待されているのです。

牧会に従事している人たちのために

もちろん、牧会書簡というときの「牧会」ということばは、実際に牧会の働きに専心するように召された人たち、たとえば牧師や宣教師や伝道師など、フルタイムでその働きを担うべく立てられた人たちに対するものであることは言うまでもありません。牧会書簡はそれらの働き人に対して特に重要なメッセージを伝えています。これから教会の働きにつきたいと考えている方、神学校で学んでおられる学生、実際に牧会の現場で働いておられる牧師や宣教師の方々は、牧会書簡を繰り返し読んで、よく学んでいただきたいと思います。

また、主への献身を決意して、教会に仕えようとする人が減少傾向にあると言われる昨今、牧会に専念する人たちの働きについて書いた、これら牧会書簡の存在そのものが、献身者が起こされるようにとの祈りを強く要請しているように感じられます。次のように、主イエスは語り、弟子たちに命じられました。

「収穫の主に、ご自分の収穫のために働き手を送ってくださるように祈りなさい」（マタイ九・三八)。

私たちが「働き手を送ってください」という祈りを、もっと真剣にささげよとの勧めが牧会書簡の背後から聞き取れるように思います。

北米に本部のある私たちの宣教団では、一人の人が宣教師として世界のどこかに遣わされる場合、その人のために日々祈ってとりなすことを約束してくれる人が一〇〇人以上いることが派遣条件の一つであると聞きました。宣教も牧会もすべては祈りをもって始められるのです。

牧会の心を持つ人が求められている

現代は、テトスへの手紙や他の牧会書簡が示している、いわゆる「牧会の心」(パストラル・マインド)を持つ人たちがますます必要とされている時代であると思います。牧会は、ことばどおりに表現すると、羊飼いの働きをするということです。それは神の子羊たちである人々を守り導いて、養い育てるということで、たいへん骨の折れる働きです。

サン゠テグジュペリの『星の王子さま』で、王子さまが一匹のきつねに出会い、いっしょに遊ぼうと呼びかける場面があります。そのとき、きつねは、きみと遊ぶことはできないよ、ぼくは飼いならされていないから、と不思議な答えを返してくるのです。「飼いならす」とは、フランス語でapprivoiser（アプリヴォワゼ）で、この書を読み解くキーワードと言われています。王子さまが「飼いならす」とはどういう意味か、と繰り返し尋ねると、三度目にやっときつねは直接の答えを語ります。それは「絆をつくること」だと言うのです。もしきみがぼくを「飼いならす」なら、互いに相手が必要な存在となっていき、唯一の大切な存在と互いが変えられていくといった意味のことを話します。これは言い換えると、人格的な関係性に入るということでしょう。M・ブーバーが語った表現で言うと、「我―それ」という関係から「我―汝」の関係に移っていくことでしょう。

復活された主イエスはペテロに向かって、「あなたはわたしを愛していますか」と三度も尋ねられました。それに答えるペテロに対して、「わたしの羊を飼いなさい」と命じられました（ヨハネ二一・一五〜一九）。牧会とは、主イエスが言われた「わたしの羊を飼いなさい」とのご命令に従うことであり、サン＝テグジュペリが書いた「飼いならす」ということばが表現しているような関係性に私たちが互いに入っていくことです。すなわち、互いを唯一無二な存在として理解して受け入れ合い、愛をもってかしらなるキリストにつながることです。私たちが信仰の友情を結んで交わりをしつつ、神様に仕えていくことです。

ドイツ語では「牧会」をseelsorge（ゼールゾルゲ）ということばで表現しますが、ゼールゾルゲとは、「たましいへの配慮」、「こころの看取り」の意味であるということです。

霊的な危機、精神的な荒廃状況があふれている現代社会において、この書が指し示す牧会についての命令と指示のことばは、ますますそのニードが増しているように感じます。教会だけでなく、学校の教室でも、会社のオフィスや現場でも、地域のコミュニティーでも、そして各家庭でも、羊飼いのような、たましいを配慮してくれる人がいれば、どんなに素晴らしいことでしょうか。もしこの殺伐とした冷えきった社会の中で、しかも複雑で難しくなっている様々な人間関係の場に、牧会の心をもって仕えてくれる人がいたら、と心の中で願う人は多いのではないでしょうか。確かにそういう人が求められているのです。けれども、テトスへの手紙を読むなかで気づかされますが、だれか牧会の心を持った人がいないかと探し回ったり、他の人にその役割を期待したりするよりも、もっと必要なことがあります。キリストによって召されているあなた自身が、牧会の心を持つように努め、神と人々に仕えていくことを、主は期待しておられるということです。

私が青年の時に、結婚するなら、箴言三一章一〇節から三一節に描かれているような、しっかりした、主を恐れる女性を選びなさい、とアドバイスを受けたことがあります。次のようなことばがあります。

「しっかりした妻をだれが見つけられるだろう。彼女の値打ちは真珠よりもはるかに尊い。」（同一〇節）

「麗しさは偽り。美しさは空しい。しかし、主を恐れる女はほめたたえられる。」（同三〇節）

そのときはあまりよくわかっていなかったので、この箇所を読み、ここに書かれているような理想的な女性との出会いを最初は少し祈っていました。しかし、ここをよく学ぶようになって、そのアドバイス自体は悪いものではないと思いながらも、私の理解の仕方が全く変わりました。この箇所の女性像は理想の結婚相手をモデルとして示しているというよりも、箴言という書全体が語っている、「主を恐れる知恵」が人格化されて表現されたものだということです。このような女性を結婚相手として探すよりも、ここに表現されているような知恵深い者に、女性であれ男性であれ、自分自身が整えられていくことのほうが、もっと大事であると気づいたのです。

テトスへの手紙も、差出人のパウロの心で、また宛先であるテトスの心で理解し、自分に語りかけられたものとして、受けとめていくようにしたいと思います。そして、牧会の心をもって歩むことに努めましょう。

牧会の心を生み出すもの

最後に、テトスへの手紙が指し示す、牧会の心を持つための出発点、あるいは牧会の心臓を動かす原動力はどこから来るのか、ということを確認しておきたいと思います。それは一言で言えば、ずばり「神の恵み」です。

「実に、すべての人に救いをもたらす神の恵みが現れたのです」（テトス二・一一）。

イタリア人のフェデリコ・バルバロ神父は旧新約聖書を日本語に翻訳しましたが、その序文でこう言っておられます。

「聖書をひらく時には、『創世の書』からではなくて、『私を信じる者は死してなお生きる』というキリストのみことばから読みはじめてもらいたい」（『聖書』フェデリコ・

バルバロ訳、講談社、三頁)。

この勧めに、なるほどと思いました。それをテトスへの手紙に当てはめてみると、一章一節の「神のしもべ、イエス・キリストの使徒パウロから」というところからではなく、二章一一節の「実に、すべての人に救いをもたらす神の恵みが現れたのです」というところから読み始める必要があるということなのかもしれません。

牧会の心を生み出すものが、まさにこの神の恵みなのです。すべてはここから始まったのです。神の恵みによって、すべての人に救いがもたらされ、そして救いにあずかる人たちが導かれ、一つとされていくところが教会です。神の恵みの豊かさ、深さを知らなければ、真の牧会はできません。牧会は、神の羊のお世話を通して、神の恵みを知る営みです。パウロが、テモテが、そしてテトスが、牧会の根拠としていたもの、それが神の恵みでした。その恵みは、救い主イエス・キリストを通して明らかに現れたのです。

そして神の恵みであるこのお方こそが、真の牧会の心を持っておられ、その心を私たちに分け与えてくださいます。つまり、牧会の心を持つことは、大牧者であるイエスの心をわが心としていくことなのです。

「キリスト・イエスのうちにあるこの思いを、あなたがたの間でも抱きなさい」（ピリピ二・五）。

「汝らキリスト・イエスの心を心とせよ」（同節、文語訳）。

2　神のしもべというアイデンティティー

〈テトス一・一〉

「神のしもべ、イエス・キリストの使徒パウロから。――私が使徒とされたのは、神に選ばれた人々が信仰に進み、敬虔にふさわしい、真理の知識を得るためで」

神のしもべパウロ

自己紹介する場面では自分の名前を伝えますが、学生なら学校の名前、仕事をしている人なら会社名や職業も話すことがあるでしょう。教会に関係するようなところでは、私が牧師であることはすぐに理解してもらえますが、それ以外のところでは、そうはいかないことがあります。初対面の人に「私は牧師です」と言っても、すぐには通じず、ときに相手を困らせてしまうことがあるのです。

ある日、健康診断で問診を受けましたが、女性の看護師が私の血圧を計りながら、問診票の職業欄を見て、「牧師」と書いてあるのを見間違い、「何の技師なの？医療系の技師？」と軽い調子で尋ねてこられました。おそらくその方にとってあまり馴染みのない職業だったために勘違いされたのでしょう。私がそれに答えて、「いえ、キリスト教会の牧師をしております」と言うと、ことばに詰まってしまい、少し間があいてから、ようやく「それは失礼しました」と言われ、何か雰囲気が悪くなったのを覚えています。皆さんはこのようなことはないと思いますが、自分のことを相手に正しく知ってもらえるように伝えることは、簡単なようで、案外難しいことなのかもしれません。

パウロは注意深く、自分が何者であるのかを記しています。手紙の書き出しのことばを見ましょう。

「神のしもべ、イエス・キリストの使徒パウロから。……」

手紙の最初はあいさつ文となっていて、差出人の自己紹介と宛先が記されています。パウロ書簡はいつもそうなのですが、あいさつといっても、単なる形式としてのものではありません。この最初のことばは、一般の手紙のような型通りの時候のあいさつが書かれているのではなく、この書全体の内容に関わる意義深い序言になっていますから、じっくりと読んでいく必要があります。

最初の一節は、ギリシア語原文の順序で並べると、「パウロ、しもべ、神の」となります。パウロは、自分のことを示すとき、この「しもべ」ということばをよく使いました。「しもべ」とは、直接に言えば、奴隷のことです。パウロ書簡を読んで、この表現に出合うときにいつも思うことですが、自己紹介のことばとしては、とても奇異なものです。「この私、パウロは、奴隷なのです」と冒頭から、はっきりと語っているのですから。

パウロの代表的な書簡であるローマ人への手紙の冒頭も、この手紙とほとんど同じ始まり方で、「キリスト・イエスのしもべ、……パウロから」(ローマ一・一)となっています(同じくピリピ一・一も、「キリスト・イエスのしもべである、パウロとテモテから」となっています)。ローマ人への手紙の最初の部分を原文の順序のとおり書くと、「パウロ、しもべ、キリスト・イエスの」となるのです。参考に両方の手紙の始まり部分を、原文の順序で並べてみます。

「パウロ、しもべ、神の」(テトス一・一)
「パウロ、しもべ、キリスト・イエスの」(ローマ一・一)

最初に自分の名前で「パウロ」と書き、次に自分がどのような立場の者であるかを示して「しもべ」と記し、最後にだれに仕えるしもべであるのかを書いています。これは、神の御前に生きる人間としての、正しい謙遜の姿を表しています。パウロが示すへりくだりの大前提は、自分は人々の間で生きているということの前に、神の御前で生きているという確信でした。

「兄弟たち。私は今日まで、あくまでも健全な良心にしたがって、神の前に生きてきました」（使徒二三・一）。

このことばは、パウロがエルサレムで捕らえられ、最高法院（サンヘドリン）の人々の前で弁明した時に語られた第一声です。神の前に生きているという強い思いが、「神のしもべ」であるとの表現の根底にありました。それゆえにこの謙遜の姿勢は、おどおどとした態度で、他の人々のご機嫌をうかがうようなものではなかったし、かといって、威張ったり、虚勢を張ったりするようなことのないものでした。ただ「神の前に生きている」という信仰の思いだけから自然とにじみ出てくるものでした。

パウロはコリント人への手紙第一の中で、次のように述べています。

「しかし私にとって、あなたがたにさばかれたり、あるいは人間の法廷でさばかれたりすることは、非常に小さなことです。それどころか、私は自分で自分をさばくことさえしません。私には、やましいことは少しもありませんが、だからといって、それで義と認められているわけではありません。私をさばく方は主です」(四・三〜四)。

こうした思いの中で、パウロの堂々とした、それでいて謙遜な生き方が生み出されていたのです。旧約聖書の中で、「主のしもべ」、「神のしもべ」と称えられた人たち、モーセ(民数一二・七)、ヨシュア(ヨシュア二四・二九)、ダビデ(詩篇一四四・一〇)等もまったく同じでした。そこで大切な点は、だれの所有としての奴隷かということです。自分はしもべにすぎない小さな者であるが、主人は神ご自身であり、主キリストである、とパウロは告白して、自分が神に所属する奴隷であることを宣言しているのです。

堂々としていて、同時にへりくだっているというのは不思議な気もしますが、このバランスこそ、パウロだけでなく、すべてのキリスト者に共通する大切なアイデンティティーであると言えます。

宗教改革者マルティン・ルターが『キリスト者の自由』の冒頭で次のように書いていま

す。

「第一、キリスト者とはなんであるか、また、キリストがこれに獲得して与えてくださった自由とは、どのようなものであるか、これについて聖パウロは多くのことを書いているが、私たちもこれを根底から理解できるように、私は次のふたつの命題を掲げてみたい。

キリスト者はすべてのものの上に立つ自由な主人であって、だれにも服しない。

キリスト者はすべてのものに仕える（ことのできる）僕であって、だれにでも服する」（『キリスト者の自由――訳と注解』徳善義和訳、教文館、一五頁）。

さらに言えば、「パウロ」という名前も、ギリシア語で「小さい」という意味だそうで、そのことも考え合わせると、パウロの徹底したへりくだりの姿勢が強調されているようにも感じられます。この世において他の人から自分がどのように見られているかに関係なく、神が私を「神のしもべ」として召しておられるとの理解に立って、へりくだりつつ、遣わされた場で信仰によって大胆に歩むことは、すべてのキリスト者にとって大切な心構えであると言えるでしょう。

キリストに遣わされた者

第二に、パウロは自らのことを「使徒」と記しています。パウロがテトスにこうして手紙を書いて、様々な指示を与え、諸教会を指導するようにと語っているのも、主から受けた使徒としての権威に基づくものであったことは確かです。主イエスが十二人の弟子たちを選び、それが使徒と呼ばれる指導者グループとなったことは、主の御心に沿うたことでした。

「こうして、キリストご自身が、ある人たちを使徒、ある人たちを預言者、ある人たちを伝道者、ある人たちを牧師また教師としてお立てになりました」（エペソ四・一一）。

パウロにとって自分が使徒として、復活の主から直接選ばれ、立てられたことは明白なことでした。しかし、この自らに与えられた使徒職という立場について、パウロはそれを誇ることなく、むしろ次のように語っていました。

「そして最後に、月足らずで生まれた者のような私にも現れてくださいました。私は使徒の中で最も小さい者であり、神の教会を迫害したのですから、使徒と呼ばれるに値しない者です。ところが、神の恵みによって、私は今の私になりました」（Ⅰコリント一五・八～一〇）。

神の教会を迫害したような罪深いこの自分を、神はその恵みによって赦したばかりか、今、使徒として立てておられると述べ、まさに「神の恵みによって、私は今の私になりました」と記して、すべては恵みであることを証ししています。

そしてさらに、この牧会書簡を書いているときには、次のように自分について語っています。

「『キリスト・イエスは罪人を救うために世に来られた』ということばは真実であり、そのまま受け入れるに値するものです。私はその罪人のかしらです。しかし、私はあわれみを受けました。それは、キリスト・イエスがこの上ない寛容をまず私に示し、私を、ご自分を信じて永遠のいのちを得ることになる人々の先例にするためでした」（Ⅰテモテ一・一五～一六）。

キリストによる「あわれみ」そして「この上ない寛容」によって救われたこと、それは今後、主を信じていく人々へのあわれみの先例にするためであったと記しています。

このように、使徒的権威に基づいて語ってはいても、パウロの思いの中では、使徒とは、このキリスト・イエスによって罪赦され、あわれみを受けた罪人にすぎず、それにもかかわらず、神の恵みを現すために遣わされている者である、ということだったのでしょう。

「使徒」ということばのもともとの意味は、「派遣された者」でした。派遣されたその人自身のうちに何かの権威があるのではなく、遣わした方に本当の権威があります。「派遣された者」は、「派遣した方」の権威の下で、命じられたミッションを忠実に果たさなければなりません。パウロは使徒として、その遣わされた目的に沿って、その務めをしっかりと行うことに集中していました。ここに、彼の中に見られる揺るがない確信と、力強い行動の基盤があったのです。

自分が何者であるのかという意識が、その人の生き方やあり方に大きな影響を与えますが、パウロにとっては、ここに記された「神のしもべ」と、「キリストの使徒」という二つタイトルが、彼の生き方とあり方を定めていました。そして、自分がどこに置かれているのかを確認する座標軸でもありました。

明治・大正期を代表する牧師であった植村正久は、宿帳に「伝道者」としか記さなかったということですが、それはこのパウロの姿を思ってのことでしょう。自分が何に属していて、どなたの権威のもとに置かれているのかを考えるのは必要なことです。

現代の私たちは、多忙な生活をしていて、いったい何のために頑張っているのか、なぜ生きているのか、といった自分の存在理由を振り返ったり、顧みたりする余裕もなく過ごしています。けれども、もし何かのアクシデントに見舞われたら、たとえば、健康が損なわれたり、社会生活がうまくいかなくなったりしたら、そのときには自分が何者であるか、生きる目的は何かが問われることになるでしょう。決してぶれることのない軸のようなものが自分のうちにあるかどうかが試されるのです。

時代や環境は違っても、パウロの持っていたこの自己認識は、主を信じている者にとって共通のアイデンティティーとなるのではないでしょうか。彼の二つの肩書である「神に属するしもべ」、「キリストに遣わされた者」は、どのような時代に生きていても、人生におけるどんな荒波にもまれても、損なわれる心配のないものです。たとえ社会的に所属するところを失ったとしても、あるいは病気になってしまっても、神とキリストに所属することは、だれによっても、どんなものによっても取り上げられたり、妨げられたりすることができないものであり、永久に変わらないものです（ヨハネ一〇・二八～二九、ローマ八・三一〜三九)。パウロの堂々としていながらもへりくだりをともなった生きる姿勢は、その基盤に、このような揺るがない自己認識があったのです。

3　神のしもべの使命

〈テトス一・一〉

「神のしもべ、イエス・キリストの使徒パウロから。――私が使徒とされたのは、神に選ばれた人々が信仰に進み、敬虔にふさわしい、真理の知識を得るためで」

神に選ばれた人々の信仰の前進

「――私が使徒とされたのは、神に選ばれた人々が信仰に進み、敬虔にふさわしい、真理の知識を得るためで」

「神のしもべ」であり、「イエス・キリストの使徒」であるパウロが、神から与えられた働きは、どんなものであったのかが、続いて記されています。「私が使徒とされたのは、神に選ばれた人々が信仰に進み」と書かれています。直訳すると、「神に選ばれた者たちの信仰のため」となりますが、『新改訳2017』の記述に基づいて理解すると、神に選ばれた人たちが、信仰に進んで行くように助けることが、その務めの一番目となります。

神の選びは、とかくだれが選ばれているのか、あるいは選ばれていないかに関心が向けられますが、そういうことよりも、キリスト者となった私たちは、それを疑うことなく、自分が神によって選ばれたという信仰理解を持つことが何よりも大事なことです。人間の側では絶対的に決めつけることのできない神の選びについて、それがどうであるのかと心配したり詮索したりするのではなく、むしろ選ばれていることの恵みを信じて感謝し、信仰にまっすぐ進んで行くのです。

一節の「神に選ばれた人々が信仰に進み」の「進む」ということば自体は、直接原文にはありませんが、この文章全体が指し示しているニュアンスをよく伝えています。神に選ばれている人たちは信仰に進んで行くことが必要なのです。「福音には神の義が啓示されていて、信仰に始まり信仰に進ませるからです」（ローマ一・一七）とあるとおりです。信仰は、神の前に前進して行く歩みです。

今、救いを求めて求道しておられる方は、まずひたすらに次のことを知って、求めてください。それは、神は確かに存在するということ、そして神がお与えになった御子キリストがあなたを愛していて、あなたのためにいのちを献げたということです。このことをどうかよく学んで、追究していただきたいと思います。

「信仰がなければ、神に喜ばれることはできません。神に近づく者は、神がおられることと、神がご自分を求める者には報いてくださる方であることを、信じなければならないのです」（ヘブル一一・六）。

そして信仰を持ったならば、ぜひ信仰を公に告白して、洗礼を受ける決断の一歩を進んでいただきたいと思います。

「なぜなら、もしあなたの口でイエスを主と告白し、あなたの心で神はイエスを死者の中からよみがえらせたと信じるなら、あなたは救われるからです。人は心に信じて義と認められ、口で告白して救われるのです」（ローマ一〇・九〜一〇）。

すでに洗礼を受けて、信仰生活を送っている方には、さらに信仰の確信と成熟に至るように、前進してくださることを心からお勧めします。生まれたならば、必ず成長するものです。いつまでも信仰の赤ちゃんでいる必要はありません。

「ですから私たちは、キリストについての初歩の教えを後にして、成熟を目指して進もうではありませんか。死んだ行いからの回心、神に対する信仰、きよめの洗いについての教えと手を置く儀式、死者の復活と永遠のさばきなど、基礎的なことをもう一度やり直したりしないようにしましょう」（ヘブル六・一～二）。

パウロの神のしもべとしての務めにおいても、そのように信仰の前進のための援助者、協力者としての働きこそが、まず第一の責任でした。教会は、畑の作物のように、また建て上げられていく建築物のように、着実に育って、完成や成熟に向かっていくものです。

「私たちは神のために働く同労者であり、あなたがたは神の畑、神の建物です」（Ｉコリント三・九）。

パウロの二回目以降の伝道旅行の第一の目的は、まさにそのことでした。次のことばにあらわれています。

「さあ、先に主のことばを宣べ伝えたすべての町で、兄弟たちがどうしているか、また行って見て来ようではありませんか」（使徒一五・三六）。

パウロの関心は、「兄弟たちがどうしているか」、すなわち信仰を持った人たちが、信仰から信仰へと健全に成長して、実を結んでいるかということでした。

このように互いの信仰の歩みについて関心を抱くことは、私たちが教会で共に信仰生活を送っていくときにも大切なことです。信仰生活は、神と自分との信仰による垂直方向のつながりばかりが意識されやすいのですが、それだけでなく、共に上を向いて歩む兄弟姉妹との交わりという水平方向の関係も大事です。キリストのからだとして、共に成長していくように私たちは導かれていることを忘れてはいけません。私たちはそれぞれが「神のしもべ」として、互いに信仰において成長していけるように注意を払い合いましょう。よく言われるように、新約聖書の命令のことばの中に、「互いに～し合いなさい」が多く記されています。いくつか挙げてみましょう。

「互いに愛し合いなさい」（ヨハネ一三・三四、ローマ一二・一〇）。
「互いに受け入れ合いなさい」（ローマ一五・七）。

「互いに仕え合いなさい」（ガラテヤ五・一三）。
「互いに赦し合いなさい」（エペソ四・三二、コロサイ三・一三）。
「互いに励まし合いなさい」（Ⅰテサロニケ四・一八）。
「互いを高め合いなさい」（同五・一一）。
「互いにもてなし合いなさい」（Ⅰペテロ四・九）。
「互いに謙遜を身に着けなさい」（同五・五）。

これらの命令は、一人では何一つ実行できません。何よりも大切な愛を実践するようにとの命令は、この「互いに～し合いなさい」の根本となっているものですが、互いの信仰を、愛をもって見つめ、互いのために祈ることから始めていきましょう。「あらゆる祈りと願いによって、どんなときにも御霊によって祈りなさい。そのために、目を覚ましていて、すべての聖徒のために、忍耐の限りを尽くして祈りなさい」（エペソ六・一八）と、パウロが「すべての聖徒のために」と記して勧めているとおりです。

敬虔に導く真理の知識の獲得

第二に、「神のしもべ」としてのパウロの働きは、人々を教えて、真理の深い知識へと導いていくことでした。

一節に「敬虔にふさわしい」とある「敬虔」は、どういう生き方をしていくかに関わる重要なことです。それはもちろん、神を恐れ、神を信頼して生きる生活であり、人生です。これは牧会書簡全体が強調していることですが、信仰の知識と生活はいつも一致していることが絶対に必要であり、この二つのことは表裏一体の関係にあるものです。ヤコブの手紙がこのことについて詳しく述べています。

「私の兄弟たち。だれかが自分には信仰があると言っても、その人に行いがないなら、何の役に立つでしょうか。そのような信仰がその人を救うことができるでしょうか。……からだが霊を欠いては死んでいるのと同じように、信仰も行いを欠いては死んでいるのです」（二・一四、二六）。

ヤコブの手紙は一見、信仰によって義と認められるという信仰の基本を否定しているように見えますが、そうではなく、ここでテトスへの手紙や他の牧会書簡等で言われている信仰と行いの一致を述べているのです。

テトスへの手紙一章一節の後半に「敬虔にふさわしい、真理の知識」とありますが、新国際訳聖書（NIV）では同じ箇所が「敬虔に導く真理の知識」と訳されていて、「真理の知識」は、必ず「敬虔」な信仰生活へと導くものであることを示しています。また、他の翻訳では、「敬虔と一致する、真理の知識」と訳しているものもあります。信仰の知識と生活とが完全に一致するように教会の人々を導いていくこと、これこそがパウロが指導していく目標でしたし、次世代の指導者であるテトスやテモテにどうしても伝えたかったことでした。「神のしもべ」である私たちが行う務めは、自分自身の信仰においても、また他の信仰者たちに対しても、信行一致を常に念頭に置き、それを求めて祈り、交わり、励むことです。

テトスへの手紙を繰り返し読んで学んでいると、よく心の中に一人の人のことが思い浮かびます。それは、ヒトラーとナチズムを相手に、生命を犠牲にして抵抗した神学者ディートリッヒ・ボンヘッファーです。彼は一九三五年にロンドンでの働きから本国に戻り、フィンケンヴァルデ牧師研修所の所長として、牧師となっていく人たちとともに山上の説教の実践を志し、共同生活をしながら、訓練を施していました。けれども、一九三七年に国家秘密警察ゲシュタポによってその研修所の玄関に差し押さえの封印プレートが貼られ、閉鎖処置を受けて、そこから退去せざるをえなくなりました。それでも彼は別のところで同じ働きを進めていき、後にケスリーンというところで一〇名余りの研修生を前にして牧会書簡から講義をしました。そのときのノートが残っています。残念ながらテトスへの手紙については一章だけで断絶していて、二章以降は書かれていません。続けられなくなった事情が何かあったのかもしれません。一章一～三節の部分には、次のように書かれています。

「選ばれた者たちは、信仰と真理の認識とに至らしめなければならない。この認識は、〈信念〉にかなった認識である（精神的な思弁などではない！）」（『ボンヘッファー聖書研究【新約編】』新教出版社、一五五頁）。

短いことばですが、当時、ナチス体制の中で多くの教会がその支配下に置かれ、様々な精神的思弁でもって、まったく真理でないものが真理とされていたという時代背景がありました。その時代状況を思いながら読むと、ここに記されていることにはある種の緊張感を覚えます。

形ばかりの精神的思弁によってではなく、人々に信仰と真理を気づかせ、正しい真理の認識へ至るように導かなくてはなりません。

どのような時代にあっても、神の示された「敬虔にふさわしい、真理の知識」に至らせることは、確かに容易なことではなく、厳しい信仰の戦いを生みます。自分のうちにある肉との戦い、そしてこの世との戦いが必ずあります。それがどんなにつらく、困難な戦いであったとしても、私たちには主からの勝利の約束があります。ですから、それら約束のみことばをしっかりと握って、ひたすら前へと突き進んで行きましょう。

〈テトス一・二～三〉

4　神のしもべの宣教

「それは、偽ることのない神が永遠の昔から約束してくださった、永遠のいのちの望みに基づくものです。神は、定められた時に、みことばを宣教によって明らかにされました。私はこの宣教を、私たちの救い主である神の命令によって委ねられたのです――」

永遠のいのちの望み

パウロの書簡ではよくあることですが、原文のギリシア語では一つ一つの文章がかなりの長文です。このところも、一節から四節までが実は一つの文章で、四節の文の終わりで初めてピリオドが打たれます。

学生時代、英文読解で長文の問題に悩まされた方もあるでしょう。牧師である私は今も、ギリシア語の長文と格闘しています。今は便利なものがあり、新約聖書のギリシア語文章を主語と述語、修飾語、動詞の種類に応じて分解し、ダイアグラムとして図示してくれるものがあり、私もときどき参考にしています。

この箇所も詳しく見ると、二節後半の「永遠のいのちの望みに基づくものです」は、私の手もとにあるギリシア語聖書では二節の最初に置かれていて、このことばの後に二番目のコンマが打たれています（最初のコンマは「パウロ神のしもべ」の後のところです）。したがって「永遠のいのちの望みに基づくものです」は一節の終わりに直接につながるように記されています。意味上ではそれほど変わりませんが、一節から二節のその部分をまとめてみると、次のようになります。

パウロが使徒とされているのは、神に選ばれた人々の信仰と真理の知識のためである、というのが第一です。その真理の知識は敬虔に一致する、ということが第二です。そしてその敬虔は永遠のいのちの望みに基づくものである、というのが第三です。そしてその永遠のいのちは偽ることのない神が約束されたものであること、それが第四のことです。言い換えをしても、簡単に理解するのは難しいかもしれませんが、語られていることからわかることは、敬虔な信仰の歩みそのものは、永遠のいのちの希望に基づくものであるということです。

二節には、「永遠」という表現が二度出てきます。

「それは、偽ることのない神が永遠の昔から約束してくださった、永遠のいのちの望みに基づくものです」（傍点、筆者）。

「永遠のいのち」と「永遠の昔」ということばに目が留まります。人間は、永遠という果てしのない時間のことを頭ではなんとなく理解できても、生きている中で現実に経験することも、実感することもできません。常に有限性という肉の衣をまとい、終わりが必ず来る有効期限が定められた中を生きています。神を信じていない人にとっては、永遠ということばは、実際には存在しないロマンチックな幻想や夢にすぎないのかもしれません。

しかし、神を信じて生きるためには、この永遠ということを、今すぐに経験できないことを知りつつも、聖霊の助けの中で信じることが必要です。まことの神を信じる信仰とは、限界性を抱え持った人間が、不確実で偶然の時間の堆積にしか見えない歴史の中で、すべてを超越している偉大な神の存在を受け入れ、その方の誤りなきご意思によって立てられた計画に信頼して生きることです。信じた者が受ける真のいのちに生かされて歩むとき、人は与えられた日々を感謝して生きるようになるのです。

伝道者の書に、こうあります。

「神のなさることは、すべて時にかなって美しい。神はまた、人の心に永遠を与えられた。しかし人は、神が行うみわざの始まりから終わりまでを見極めることができない」（三・一一）。

ここにあるように、人の心には永遠が与えられていますが、それを終わりまで見極めることはだれにもできないのです。

テトスへの手紙では、この「永遠のいのち」という表現が二回出てきます。

「それは、偽ることのない神が永遠の昔から約束してくださった、永遠のいのちの望みに基づくものです」（一・二）。

「それは、私たちがキリストの恵みによって義と認められ、永遠のいのちの望みを抱く相続人となるためでした」（三・七）。

どちらも「永遠のいのち」の後に「望み」が付いています。この書の宛先は、クレタで働いている弟子のテトスでした。現地のクレタ人についての記述が一章後半に出てきますが、彼らの特徴を言い表す強烈なことばがこれです。

「クレタ人はいつも嘘つき、
悪い獣、
怠け者の大食漢。」（一二節）

詳しくは後に述べますが、なぜクレタ人がそのように生きていたのかをパウロは知っていたようです。嘘をついたり、獣のように振舞ったり、怠けたり、食べることを快楽として生きていたりするというのは、永遠を知らない極端な現世主義であったということでしょう。彼らの生活のあり方は、今の世ばかりを見て、楽しければそれで良いと快楽にふけっているものであったと想像できます。パウロがコリント人への手紙第一で述べたとおりです。

「もし死者がよみがえらないのなら、『食べたり飲んだりしようではないか。どうせ、明日は死ぬのだから』ということになります。惑わされてはいけません。『悪い交際は良い習慣を損なう』のです。目を覚まして正しい生活を送り、罪を犯さないようにしなさい」（Ｉコリント一五・三二〜三四）。

クレタの人々が刹那的な快楽主義によって身を持ち崩していくなかにあって、テトスが永遠の視点に立ち、「永遠のいのちの望み」をしっかり握って、健全な信仰の歩みをしていくこと、そしてその希望に生きていくよう人々を励まし指導していくことが、パウロの願いでした。

委ねられた宣教の務め

パウロは自分に委ねられた務めについて、これまでのものをまとめ、「宣教」ということばで表現しています。パウロの「宣教」の使命は、彼自身が回心したときに主イエスによって語られたものでした。「使徒の働き」の九章、二二章、二六章には、そのダマスコの途上での出来事が繰り返し記されています。「この道」と当時呼ばれていたキリストを信じる者たちを捕縛するために、迫害者として息荒く道を進んでいたパウロを、主イエスが光をもって打ち、こう語りかけられたのです。

「わたしがあなたに現れたのは、あなたがわたしを見たことや、わたしがあなたに示そうとしていることについて、あなたを奉仕者、また証人に任命するためである。わたしは、あなたをこの民と異邦人の中から救い出し、彼らのところへ遣わす。それは彼らの目を開いて、闇から光に、サタンの支配から神に立ち返らせ、こうしてわたしを信じる信仰によって、彼らが罪の赦しを得て、聖なるものとされた人々とともに相続にあずかるためである」（使徒二六・一六〜一八）。

「彼らの目を開いて、……神に立ち返らせ、……信仰によって、……罪の赦しを得て、……相続にあずから」せるという宣教の中心的な目的に向かって、主によって命じられた宣教の務めを、パウロは熱心に果たしていきました。

この「宣教」ということばは、ギリシア語でよく知られたケリュグマという語の訳語として使われます。ケリュグマはもともと、公の権威をともなう使者によってなされた報告や指令、宣言のことばを意味しました。新約聖書で使われる場合は、ほとんどがキリストの福音を示し、神からの直接の語りかけの宣告であり、ただ信じて、悔い改めて、従うべき神のことばを表しています。しかし、ここでは宣言そのものというより、宣教という働きや行為を指しています。

教会で「宣教」というと、伝道とほとんど同じ意味を表すことばとして理解されます。しかし、最近では伝道ということだけでなく、神が望んでおられる救済的な働きや愛の奉仕などを含めて理解するようになってきました。宣教学者のクリストファー・J・H・ライトは、「宣教」を次のように定義しています。

「神の招きと命令を受けて、神の世界の歴史において、神の被造物の救済のために、神ご自身の宣教に神の民として献身的に参画すること」(『神の宣教 第1巻』東京ミッション研究所、一四頁)。

ライトは、人間であるキリスト者たちが行うわざではなく、「神ご自身の宣教」としています。「神ご自身の宣教」の働きに、神が神の民を招じ入れて委任し、その恵みにあずからせてくださるのです。聖書が語る「宣教」はまさに神の事業であって、人間に由来するものではないのです。ですから、委ねられた者としての責任が人間には確かにありますが、事の成否が人間の努力や頑張りにすべてかかっているという企てや働きではないことを覚えておかなければなりません。

「ですから、これは人の願いや努力によるのではなく、あわれんでくださる神によるのです」（ローマ九・一六）。

「こうして、イスラエルはみな救われる」（同一一・二六）と大胆にも宣言したパウロの描く「神の宣教」は、いまだに「未伝地」として扱われる日本での宣教にも励ましを与えてくれるメッセージです。内村鑑三はローマ人への手紙九～一一章を説き明かして、次のように記しています。

「わが日本民族についても、われらは同様のことを考える。彼らを民族全体として見るとき、福音を明白に拒否している。彼らは自己の利害のために焦慮して、神の福音については無関心である。……ひそかに慮《おそ》る、神はわが日本を捨てしにあらざるかと。しかしながらまた思う、われのごとき頑梗《がんこう》深罪の者すら神の恩恵に浴したではないか、さらば他の日本人の救われぬ理由がどこにあるかと」（『ロマ書の研究（下）』〔内村鑑三聖書注解全集第十七巻〕教文館、一〇四頁）。

救われるようには決して見えないイスラエルに対して語られたパウロのことばの中に、

内村鑑三は日本を重ね合わせて、救いの希望を思い描いたのです。私も、同じ確信に立ちたいと常に考えています。

テトスへの手紙一章二〜三節に戻りましょう。

「それは、偽ることのない神が永遠の昔から約束してくださった、永遠のいのちの望みに基づくものです。神は、定められた時に、みことばを宣教によって明らかにされました。私はこの宣教を、私たちの救い主である神の命令によって委ねられたのです――」

「神が永遠の昔から……」、「神は、定められた時に……」、「神の命令によって」というように、「宣教」の主体、導き手はあくまで神ご自身であることが繰り返し言われています。私たちも、教会の宣教の働きを人間的尺度だけでとらえて、悲観的になってあきらめたり、やる気を失ったりしてはいけません。どんなに困難に見えても、「宣教」は人間のわざではなく、「神の宣教」であるとの信仰の基盤に堅く立ち続けましょう。決して挫折することも、頓挫することもない、生ける神の御心に従い、努め励んで神の国のご計画に続けて参画させていただこうではありませんか。

5　信仰による誕生

〈テトス一・四〉

「同じ信仰による、真のわが子テトスへ。父なる神と、私たちの救い主キリスト・イエスから、恵みと平安がありますように。」

テトスとテモテ

テトスという人について、皆さんはどんなことを知っているでしょうか。テトスへの手紙という聖書の書名になっている以外、あまり知られていないのではないかと思います。聖書全体にいったいどれくらい人物の名前が記されているのかを数えたことはありませんが、よく登場して目立っている人もいれば、一つの箇所にしか出てこないで、ほとんど何もわからない隠れた信仰者も数多くいます。しかし、よく知られているから偉いわけではないし、目立たないから軽んじられてよいわけでもありません。

「からだの中でほかより弱く見える部分が、かえってなくてはならないのです」（Ⅰコリント一二・二二）とあるように、弱く見えて、見栄えのしない、目立たない器官ほど、むしろ重要なものであると、神は見ておられるのです。テトスは、まさにそういう人であったと言えるでしょう。

牧会書簡は三通あり、そのうち二通はテモテに宛てられています。テモテのほうは、その宛てられた手紙の内容から、当時は年が若く（Ⅰテモテ四・一二）、病気を持っていたこと（同五・二三）や、どちらかといえば気が弱かったこと（Ⅱテモテ一・六〜七、二・一）などが暗示されていて、人間的に親しみを持ちやすい印象があります。ところがテトスについてのパウロの記述（テトスへの手紙）を見ると、その人間性をほのめかすような表現はほとんど出てきません。パウロから「信仰による、真のわが子」と呼ばれた二人でしたが、その人物についてはそれぞれに違った個性があったのでしょう。テトスのほうはそうした弱さのようなものが書かれていないことで、その人となりがわかるような気がします。テモテには悪いのですが、私の印象ではテトスのほうがやや優等生的な人物に感じられます。

テモテは、ギリシア人の父親とユダヤ人の母親を持っていました（使徒一六・一）。今日で言う片方の親のみがキリスト者の家庭です。一方、テトスはギリシア人ということで

（ガラテヤ二・三）、その両親ともそうだったのでしょう。テトスがどのようにして主を信じ、パウロとともに働くようになったのかは、聖書の中に明確な情報がありません。両親のどちらかが主を信じ、その信仰が家族に広がったのか、それともテトスが最初に導かれた人なのか、それもわかりません。いずれにしても、四節に「同じ信仰による、真のわが子テトスへ」と書いてありますので、テモテと同様に（Ⅰテモテ一・二）、テトスもパウロの伝道によって主を信じて救われ、信仰の導きを受けてきたのでしょう。そして彼は、使徒の務めにあったパウロやバルナバらとともにエルサレム教会を訪問しています。

「私はバルナバと一緒に、テトスも連れて、再びエルサレムに上りました。……しかし、私と一緒にいたテトスでさえ、ギリシア人であったのに、割礼を強いられませんでした」（ガラテヤ二・一、三）。

これはおそらく紀元五〇年のエルサレム会議の時のことだったでしょう。そしてこのテトスへの手紙の執筆年代は、牧会書簡の中にある記述と歴史状況から判断して、六三年から六五年ごろと推定されていますから、テトスが長くパウロとともに宣教の働きをしてきた人物であることがわかります。そのわりに、パウロの多くの活躍を記した「使徒の働き」の中にその名前が出てきません。そのことから、テトスはルカの兄弟であったと考える人もいます。執筆者ルカの弟ゆえに、あえて記述がないとの推測です。そういえば、「使徒の働き」には「私たち」章句（使徒一六・一〇以降）と呼ばれている箇所がありますが、執筆者であるルカ本人の名前は出てきません。

いずれにしても、パウロとテトスとの関係は、ちょうどモーセとヨシュアのようなものだったと思います。パウロはいつもテトスをそばにおらせて、伝道の働きをし、ことばで説明して教えるだけの教育ではなく、働いている背中をしっかりと見せて、実地にいろいろなことを学ばせていたのでしょう。パウロの教育方法は、イエスが弟子たちを育てたやり方とおそらく同じだったでしょう。

「イエスは十二人を任命し、彼らを使徒と呼ばれた。それは、彼らをご自分のそばに置くため、また彼らを遣わして宣教をさせ、彼らに悪霊を追い出す権威を持たせるためであった」（マルコ三・一四〜一五）。

パウロはテトスを自分のそばに置いて、多くの奉仕をしてきました。そのようにして、弟子として訓練されてきたテトスが、今やクレタ島の諸教会を指導する働き手として立派に主に仕えているのです。まさに初代教会における弟子訓練の様子を垣間見る思いです。

慰め主に頼り、問題解決をはかったテトス

さて、このテトスですが、その名前が数多く出てくるのは、「コリント人への手紙第二」です。数えてみると全部で九回登場します。彼は、多くの課題を抱えていたコリントの教会を訪問し、パウロの代理としてその務めをよく果たしました。

「マケドニアに着いたとき、私たちの身には全く安らぎがなく、あらゆることで苦しんでいました。外には戦いが、内には恐れがありました。しかし、気落ちした者を慰めてくださる神は、テトスが来たことで私たちを慰めてくださいました。テトスが来たことだけでなく、彼があなたがたから受けた慰めによっても、私たちは慰められました。……この慰めの上にテトスの喜びが加わって、私たちはなおいっそう喜びました。テトスの心が、あなたがたすべてによって安らいでいたからです。……テトスは、あなたがたがみな従順で、どのように恐れおののきながら自分を迎えてくれたかを思い起こし、あなたがたへの愛情をますます深めています」（七・五〜七、一三、一五）。

「慰め」、「安らぎ」、「愛情」ということばによって示されているように、テトスの働きは、慰め主である聖霊に導かれたものでした。テトスは、諸問題で揺れていた危機状態のコリント教会において、パウロの期待に見事に応える働きをして、牧会的に問題解決を果たしました。そのうえ、エルサレム教会への援助献金を開始することへ導き（Ⅱコリント八・六）、地理的に離れていた教会同士を、主の愛の絆でつないで、教会間における交わりの道をつくりました。なんと優れたリーダーであったことでしょう。

「激しやすい者は口論を引き起こし、怒りを遅くする者は争い事を鎮める」（箴言一五・一八）とあるように、テトスは忍耐をもって教会の人々の声に耳を傾け、そしてみことばを語り、優しく諭したのでしょう。彼は、パウロがコリント教会を指導する際に示した重要な原則を心に留めていたと思います。どんなことが一人ひとりの信仰と教会を成長させて、真に建て上げていくかという判断基準です。

「『すべてのことが許されている』と言いますが、すべてのことが人を育てるとはかぎりません」（Ⅰコリント一〇・二三）。

この「人を育てる」と訳されたことばは、ギリシア語で「(家を)建て上げる」という動詞です。牧会的な問題解決にあたっては、そのことが、あるいはそのやり方が神の御心にかなうことであるのか、建て上げることなのか、逆に壊してしまうことなのかを注意深く見極めなくてはなりません。テトスは正しい判断力をもって、適切な助言や牧会的な介入を行ったのでしょう。

聖書においては、テトスはあまり目立つことのない人でしたが、このように危機に瀕した教会を再建することに用いられた、たいへん優れた牧会者であり、霊的な指導者でした。

教会は人の集まりです。牧会者などの教会リーダーと長老的なグループ(役員会)との関係、そして信徒一人ひとりの関係など、どれも目に見えない糸でつながっているような気がします。しかし、どこかでその関係性が崩れてしまうと、簡単には修復できず、むしろ複雑に絡み合った状態からなかなか抜け出せなくなってしまうことがあります。しかも関係性が壊れたことからくる影響は群れ全体にいろいろなかたちで広がります。人間関係は築くのにとても長い歳月が必要ですが、壊れてしまうのは一瞬です。

テトスはパウロの指導と数々の牧会経験によって、教会が群れとして回復するために何が必要なのかという勘所を知っていたのでしょう。また、すべてのことにおいて慰め主である神に拠り頼みつつ、忍耐をもって対処していったのでしょう。エルサレムの城壁を再建するネヘミヤがしばしば祈ったように、テトスも問題に対処しつつ、絶えず祈ったのではないでしょうか。

「私の神よ、……私を覚えていてください」（ネヘミヤ五・一九、一三・一四、二二、三一）。

ここはヘブル語で「ゾケラ・リー・エローハイ」という短いことばです。「ゾケラ」が「覚えてください」で、「リー」が「私」を、「エローハイ」が「私の神」という意味です。以前に、ネヘミヤ記を講解して以来、私もときどき、この祈りのことばを唱えています。

二人のテトス

テトスは英語で書くと、Titus（タイタス）で、英語の聖書辞典で調べると、同じ名前で二人の人物のことが項目として挙げられていることに気づきます。言うなれば、この時代に二人のテトスがいたわけです。

テトスへの手紙の宛先の人物以外に、もう一人有名なテトスがいました。それはローマ帝国の将軍であり、後に帝国の皇帝となった人物です。日本語の表記では、こちらはおもにティトゥスと書かれますが、英語では同じ名前です。彼は、紀元七〇年にエルサレムが滅亡することになったユダヤ戦争において、神殿である神の家を破壊したことで戦功を上げ、その名を轟かせました。後には、その功績もあって、ローマ皇帝として帝国の頂点に立ちます。

ところが、私たちの注目しているテトスは、そのローマ皇帝のテトスと比べると、地味で華々しさは何もありませんでした。その名前は、聖書においてもパウロの手紙に数か所出てくるだけで、「使徒の働き」では一度も言及されていません。それでも彼は、神の家である教会に仕え、諸教会を建て上げていくことを通して、現代に至るまで、その名を歴史に刻み得たのでした。

そうしてみると、一方のテトスは神の家を破壊して、ローマの平和のために地上の栄光に仕え、もう一人のテトスは、神の家を建て上げるために労して、神の平和を宣べ伝え、天の神に栄光を帰したということになります。私たちが知っているとおり、神の家であるキリストの教会を建て上げることこそ、どの時代においても、神の御前において最も価値ある働きであることを、牧会書簡全体が告げています。

恵みと平安を祈る

パウロは、テトスのために祈りのことばを書きました。

「父なる神と、私たちの救い主キリスト・イエスから、恵みと平安がありますように」(テトス一・四)。

これはパウロがよく使うキリスト者へのあいさつを表す慣用句のようですが、テトスへの手紙全体を読むと、この祈りのことばにも必要なメッセージが込められていることがわかります。これらは、このあとこの手紙の中で最も注目すべきメッセージ、健全な教えの中心として力強く語られたみことばの内容と合致しています。そのメッセージ、みことばとは、二章一一節から一五節と、三章四節から七節です。たとえば次のみことばです。

「実に、すべての人に救いをもたらす神の恵みが現れたのです」(二・一一)。

「しかし、私たちの救い主である神のいつくしみと人に対する愛が現れたとき」(三・

四)。

取り出したこの二つの節を見ても、「神」、「救い主」、「恵み」という一章四節の祈りのことばに共通する語が含まれています。神の恵みが現れた、神のいつくしみと愛が現れた、という救い主キリストの十字架によって現されたことに基づいて、「父なる神と、私たちの救い主キリスト・イエス」の「恵みと平安」が神の確かなみわざとして、テトスに大きな力をもたらすことをパウロは確信して、祈っていました。それは霊の親としての愛情深い祈りでした。

パウロは、キリストへの信仰に導いたテトスらを「信仰による、真のわが子」として心から愛し、大切に育て、必要な訓練を施していきました。このようにパウロの霊的子育ては、生涯終わることのない重要な働きでした。今日で言う、次世代への宣教と育成です。手紙の宛先となっているのは、期待の星、若き指導者テトスでした。神のしもべ、キリストの使徒として歩む務めは、一代限りで終わってよいものではありません。親から子へ、子から孫へと続いていくものです。

私たちの教会の働きも、次の働き人のことを常に視野に入れて、進めていく必要があります。次の世代についての強い関心と思いを持ち続け、共に信仰をもって一歩一歩進んで行けるように願います。そして宣教の務めをいっしょに担っていけるように、互いに祈り、助け合っていきたいと思います。

6　宣教の情熱

〈テトス一・五〉

「私があなたをクレタに残したのは、残っている仕事の整理をし、私が命じたとおりに町ごとに長老たちを任命するためでした。」

クレタ島への思い

五節からこの書簡の背景を垣間見ることができます。「私があなたをクレタに残したのは」と書いていますが、それはいつのことなのでしょうか。パウロの宣教の働きについての歴史的な記述は、新約聖書の「使徒の働き」にありますが、牧会書簡がその中のどこに位置づけられるのかについては、いろいろな考えが出されてきました。諸説あるのですが、牧会書簡をパウロが書いた真正な手紙として解釈する伝統的な理解に立つと（これが私の立場でもありますが）、「使徒の働き」が描いているパウロの宣教の歩みの記事よりも後の時期に属するものと考えられます。つまり、牧会書簡は、「使徒の働き」にはない「パウロのその後」にあたる時代に書かれたということです。

パウロは、使徒の働き二八章に書いてあるとおり、ローマで軟禁状態になりました。しかしその後、一度釈放されたと思われます。解放後に、クレタ島に渡って、開拓伝道の働きを島全体に展開したのでしょう。クレタ島での伝道の後、アカイアのコリントに寄り(Ⅱテモテ四・二〇)、その後、エペソへ行き、テモテをそこに残しました(Ⅰテモテ一・三)。さらにそこからトロアスへ行き(Ⅱテモテ四・一三)、次にマケドニア地方のピリピから、テモテへの手紙第一を送ったと思われます。その後、マケドニアを東から西へ移動して、ニコポリスの港町から、クレタ島に残したテトスへ、この手紙を書いたのです(テトス三・一二)。

そのように精力的に活動したパウロでしたが、やがて再度ローマ政府によって捕縛され、二度目の投獄状態の中から、テモテへの手紙第二を書き送ります。テモテへの手紙第二がパウロの遺言のように言われるのはそのためです。牧会書簡の三通は、このようにパウロの最晩年に書かれた手紙であり、彼の最後のメッセージなのです。

では、そもそもなぜクレタ島なのでしょうか。上記のとおり、ローマの軟禁状態から一時的に解放されたパウロが向かった先は、エペソでもエルサレムでもなく、クレタ島でした。釈放後のパウロがなぜ最初にクレタ島へ行って開拓伝道を行ったのか、このテトスへの手紙にも、他のところにもその理由は記されていません。新約聖書の記述から導き出せるパウロとクレタとの関わりは、かつてパウロがカエサルに上訴して（使徒二五・一一）、ローマへ向かう航海の中で立ち寄ったのがクレタ島だったというところにあります（同二七・七）。少し長くなりますが、そのことを記している「使徒の働き」の記事を引用しましょう。

「さて、私たちが船でイタリアへ行くことが決まったとき、パウロとほかの数人の囚人は、親衛隊のユリウスという百人隊長に引き渡された。私たちは、アジアの沿岸の各地に寄港して行く、アドラミティオの船に乗り込んで出発した。テサロニケのマケドニア人アリスタルコも同行した。翌日、私たちはシドンに入港した。ユリウスはパウロを親切に扱い、友人たちのところへ行って、もてなしを受けることを許した。私たちはそこから船出し、向かい風だったので、キプロスの島陰を航行した。そしてキリキアとパンフィリアの沖を航行して、リキアのミラに入港した。ここで、百人隊長はイタリアへ行くアレクサンドリアの船を見つけて、それに私たちを乗り込ませた。何日もの間、船の進みは遅く、やっとのことでクニドの沖まで来たが、風のせいでそれ以上は進めず、サルモネ沖のクレタの島陰を航行した。そしてその岸に沿って進みながら、やっとのことで、ラサヤの町に近い『良い港』と呼ばれる場所に着いた。

かなりの時が経過し、断食の日もすでに過ぎていたため、もはや航海は危険であった。そこでパウロは人々に警告して、『皆さん。私の見るところでは、この航海は積荷や船体だけでなく、私たちのいのちにも危害と大きな損失をもたらすでしょう』と言った。しかし百人隊長は、パウロの言うことよりも、船長や船主のほうを信用した。また、この港は冬を過ごすのに適していなかったので、多数の者たちの意見により、ここから船出し、できれば、南西と北西に面しているクレタの港フェニクスに行き、そこで冬を過ごそうということになった。

さて、穏やかな南風が吹いて来たので、人々は思いどおりになったと考え、錨を上げて、クレタの海岸に沿って航行した。ところが、間もなくユーラクロンという暴風が陸から吹き降ろして来た。船はそれに巻き込まれて、風に逆らって進むことができず、私たちは流されるままとなった」(二七・一～一五)。

暴風に巻き込まれた一行は、神のあわれみ深い導きにより、無事にマルタ島に打ち上げられて、その後ローマにたどり着きます。

このように危うくいのちを失うところだったパウロでしたが、そのローマへの旅の重大な転換点となった場所がクレタ島だったのです。この一時的なクレタ島の寄港がどれくらいの日数であったのかはっきりとはわかりませんが、もしかすると、パウロは護送される囚われ人の身でありながら、その時に、霊的に渇いて、救いを求めている大勢のクレタの人々を船上から目にしたのかもしれません。そして出港した船が恐ろしい嵐に翻弄されるなか、もしこの危機から脱して、生きてローマに着くことができ、さらに解放されることがあれば、クレタに戻って、福音を宣べ伝えようと心に決めたのかもしれません。次に訪れるときには、護送される囚人としてたまたま立ち寄るのではなく、福音のために、健全な教えを島中に広げるという明確な目的を持った、みことばの宣教者として戻って来ようと、主に誓ったのでしょう。そしてその祈りに主は応えてくださり、その門が開かれ、パウロ晩年の開拓伝道の働きが実を結び、このテトスへの手紙が生まれることになったのです。

ところで、皆さんはジョヴァンニ・バティスタ・シドッティ（一六六七〜一七一五年）という最後のバテレン（カトリックの宣教師）をご存じでしょうか。彼が日本に渡って来たとき、日本は完全にキリシタン禁制の時代に入っていました。幕府の徹底的な弾圧によって、大勢いたキリシタンたちは日本の土地から完全に排除されてしまったかのようでした。もちろん、潜伏キリシタンの人々は命がけで隠れながらその信仰を守っていました。シドッティは一七〇八年に屋久島に上陸しましたが、直ちに役人たちに捕らえられ、薩摩から長崎へ連れて行かれて尋問を受けました。翌一七〇九年には江戸に送られ、切支丹屋敷と呼ばれるところに収監されました。そのとき、新井白石から尋問を数回受けます。これをもとに新井白石は『西洋紀聞』を著しました。

その後、シドッティは、彼の世話役をしていた長助とはる夫妻の信仰を導いて励まし、ついには洗礼を授けます。そのことが二人の口から明らかになると、彼は宣教の動機を持った危険な人物とみなされて、光も入らず、風も通らない、屋敷の地下に掘られた不衛生な穴（深さ三メートル、直径一・四メートル）に入れられました。やがて病気となり、天に召されます。

シチリア生まれのイタリア人であった彼が危険な船旅をして、マニラ経由で六年がかりではるばる日本にやって来て、着いたところで即刻捕らえられ、束縛と監禁状態で六年間を過ごし、この世を去りました。人間的に見れば、あまりにも厳しい人生であったように見えます。しかし不思議なことに、数年前（二〇一四年七月）、シドッティと長助とはると思われる三人の遺骨が、マンションの建設工事中に発見され、そのうちの一体はＤＮＡ鑑定によって、シドッティであることが確認されました。そして、国立科学博物館がその頭蓋骨から彼の顔を復元し、大きな話題となりました。

私がシドッティのことについて思ったのは、非常に優秀で高い地位にあった彼が、仲間から強く反対されたにもかかわらず、禁制が布《し》かれている日本になぜ渡って来たのかということでした。私が読んだ本には、残念ながらその理由について明確な答えは記されていませんでした。けれども間違いないことは、シドッティが日本に対して非常に強い宣教の情熱を与えられていたということです。パウロがクレタ宣教に熱い思いを持っていたこととおそらく同じだったと思います。

クレタ島でのテトスの任務

さて、クレタ島に残してきたテトスにパウロが委ねた役割が、五節に二つ述べられています。

「私があなたをクレタに残したのは、残っている仕事の整理をし、私が命じたとおりに町ごとに長老たちを任命するためでした。」

一つは残った仕事の整理であり、もう一つが町ごとに長老たちを任命し、立てることでした。なぜ長老や監督を任命するのでしょうか。宣教と牧会のために、健全な教会を建て上げていくためには、リーダーシップを持つ人がどうしても必要だったからです。

十二使徒やパウロによる第一世代の指導者たちによる教会開拓と教会形成の時代は、テトスへの手紙が書かれたころには終わりを迎えていました。各地に建てられた諸教会は、宣教の草創期から次の成長と安定の時代に移行しつつありました。そこで何よりも重要だったのが、次のリーダーをしっかりと育成し、彼らを任命して、教会を健全に組織化していくことでした。しかも牧会書簡から伝わるのは、そのうちに後継者がいつか与えられればよいというような悠長なことではなく、それが何よりも急務であったということです。

そこで六節から九節まで、どんな人を長老として、また監督として任命すべきなのかが記されています。同じ牧会書簡のテモテへの手紙第一の三章一〜一三節にも、「監督」と「執事」等の資格条件が列挙されています。教会の働きに就こうとしている人たちが、これらパウロが示した審査基準に達しているのかどうかを、冷静にしっかりと見極めることが必要でした。教会はリーダーがすべてではありませんが、やはり重要な鍵を握っていることは間違いのないことだからです。このように宣教の働きは、教会の成長段階に応じて、その必要に対処し、キリストのからだとして健全に建て上げていくことが必要なのです。

クレタの教会には、霊的にしっかりとしたリーダーを立てて任命すること、そして立てられたリーダーを通して健全なかたちで育成をはかり、しっかりと組織化していく必要があったのです。

7　神がお求めになる品格

〈テトス一・六～九〉

「長老は、非難されるところがなく、一人の妻の夫であり、子どもたちも信者で、放蕩を責められたり、反抗的であったりしないことが条件です。監督は神の家を管理する者として、非難されるところのない者であるべきです。わがままでなく、短気でなく、酒飲みでなく、乱暴でなく、不正な利を求めず、むしろ、人をよくもてなし、善を愛し、慎み深く、正しく、敬虔で、自制心があり、教えにかなった信頼すべきみことばを、しっかりと守っていなければなりません。健全な教えをもって励ましたり、反対する人たちを戒めたりすることができるようになるためです。」

教会指導者の条件

テトスは、パウロが書いたこういう長老や監督という教会指導者の基準を示されることで、自らの生き方や品性についても振り返ったと思います。長老を任命する立場に置かれたこの自分はどうなのか、と。

教会指導者の適性とは何であるのか、それはとても難しい質問です。なかなか一言で答えられることではありません。鈴木崇巨著『牧師の仕事』（教文館）という本に、牧師となるためには、何よりも召命が必要であるが、そのためには次の点を確認すべきだとしています。第一に、牧師となることの動機が純粋であるか、第二に、牧師の仕事が可能な人か（知的であり、道徳的な人、体力も必要、性格的に牧師の職務に合う人）、第三に、人々が同意してくれるか、を挙げています。確かにそれら三つのことは、必要なことであり、的確なまとめであると思います。

私が神学生の時、指導してくれた先輩の牧師たちが、次のみことばを引用して、叱咤激励してくださいました。

「あなたは、年が若いからといって、だれにも軽く見られないようにしなさい。むしろ、ことば、態度、愛、信仰、純潔において信者の模範となりなさい」（Ｉテモテ四・一二）。

ここに書かれている「軽く見られないように」することは、とても難しいことです。若さと未熟さは、ほとんどの場合、結びついているのが現実だからです。そして、口だけでなく、ことばや行動で示すことができるためには、実質がともなっていなくてはなりません。おそらく若かったテトスもパウロの五〜九節のことばを読んで、自らを振り返り、信仰を鼓舞されたと思います。また、次の世代や周りの人々がここに記されているような品性を備えた信仰者となるために、これまで彼らとどのように関わり、どんなことを教えて、援助してきたかを自問自答していたでしょう。

私が学んだ神学校に掲げられていた標語聖句はテモテへの手紙第二、二章一五節で、当時は新改訳聖書第二版（表現は第三版と同じ）の訳で、「あなたは熟練した者……」という表現で始まっていました。軽く見られないようにするためには、熟練した者になるよう努めなくてはならないと、その聖句が教えていることを知りました。今の『新改訳2017』では次のようになっています。

「あなたは務めにふさわしいと認められる人として、すなわち、真理のみことばをまっすぐに説き明かす、恥じることのない働き人として、自分を神に献げるように最善を尽くしなさい」（Ⅱテモテ二・一五）。

この聖句は、今は新しい『新改訳２０１７』の訳文で、神学校の建物の正面に掲げられています。神学生のころ、学びや奉仕が忙しかったり、様々なことでつらい思いをしたりしたとき、この聖句を思い起こして、自らの心に言い聞かせたものです。「熟練した者」や「務めにふさわしいと認められる」者となるには、やはり時間が必要なのだから、あせる必要はない、と。未熟で成長途上にある自分が、何の経験も経ずして、簡単にそうなるわけではないと気持ちを切り替えていたのだと思います。

主の務めのために学ぶことのできる人は幸いですが、同時にそれはたいへん厳しい訓練を受けることでもあります。この聖句は、直接パウロから語りかけられたテモテやテトスだけでなく、いつの時代であれ、みことばの学びと奉仕に励む人々の大きな動機づけと力となっています。

人の心の内側をご覧になる神

長老や監督の条件は、次のように記されています。

「長老は、非難されるところがなく、一人の妻の夫であり、子どもたちも信者で、放蕩を責められたり、反抗的であったりしないことが条件です。監督は神の家を管理する者として、非難されるところのない者であるべきです。わがままでなく、短気でなく、酒飲みでなく、乱暴でなく、不正な利を求めず、むしろ、人をよくもてなし、善を愛し、慎み深く、正しく、敬虔で、自制心があり、教えにかなった信頼すべきみことばを、しっかりと守っていなければなりません。健全な教えをもって励ましたり、反対する人たちを戒めたりすることができるようになるためです」（六〜九節）。

ここに記されている「長老」（六節）と「監督」（七節）は、区別されているようにも読めますし、挙げられている条件のことば全体を見ると、何も区別されていないようにも思えます。原文では六節の最後にピリオドがあり、次の七節が別の文章となっているので、それぞれ別の役割があったのかもしれません。その場合、五節で「長老」が「長老たち」と複数形で書かれ、七節の「監督」が単数形であることから、次のように推論する人もいます。最初に複数の長老の奉仕を担う人たちが選ばれて、さらにその長老である人たちの中から、一人の監督の役割を担う者が任命されるというものです。詳細は不明ですが、「それは、聖徒たちを整えて奉仕の働きをさせ、キリストのからだを建て上げるためです」（エペソ四・一二）とあるように、こうした役割は神の教会を建て上げていくために必要なものでした。

長老や監督に選ばれる条件として挙げられている内容を見ると、特徴の一つとして、外面的なことではなく、その人の内面がどうなのか、人格面が問題にされていることに気づきます。どれだけ優れた能力を持っているのか、どんな特技があるのかについては、重視されていないようです。かえって、その人物の夫婦関係や親子関係など、ふだんの社会生活では他の人の目から隠されているプライベートな部分を注視するように言われています。現代においては、倫理的な問題を抱えている場合を除いて、一般の就職試験であまり問題にされないようなことです。けれども、神は、その人の人格が最もよく現れる個人の生活部分をご覧になっていることがわかります。表面上見えない部分にこそ、主は目を留めておられるのです。

神が預言者サムエルを通してダビデを召し出し、油を注がれたときのみことばを思い出します。

「**主**はサムエルに言われた。『彼（エリアブ）の容貌や背の高さを見てはならない。わたしは彼を退けている。人が見るようには見ないからだ。人はうわべを見るが、**主**は心を見る』」（Ⅰサムエル一六・七、括弧内は筆者）。

外面的なこと、たとえば、様々な知識、学歴や職歴、様々な資格や特技、運動能力等は、人間としては素晴らしいことかもしれませんが、神の御前では何も誇れるものではありません。かえって、あなたのプライベートの時間はどうですか、あなたの家庭生活はどうですか、と神はお尋ねになります。

みことばへの姿勢をご覧になる神

長老や監督とは今日でいえば牧師ですが、牧師は礼拝の時、毎週説教壇に立って、みことばを語ります。説教は、聖書の内容を読み取る力、それを適用していく力、会衆にわかりやすく表現する力などが求められます。そうした技術や力量には、その人の能力や経験量によって良し悪しが測られる部分が確かにあります。しかし、しばしば聞く側になって感じることは、ことばの巧みさや、聖書知識の深さといったことよりも、その説教者が一人の信仰者としてどう生きているのかという姿勢や、みことばへの真摯な取り組みをしているかが大切であるということです。しかもそういうことが、その人の説教で語られていることばの端々に、書物でいえば行間に、不思議と現れてくるものなのです。ですから、ここに挙げられている教会指導者の条件の一つ一つは、多くの牧師たちを牧会する立場にあったパウロが、説教によってその人の内面が明らかにされることを知ったうえで、教会の働き人としてのあり方を示したものであると言えるでしょう。

ですから、もう一つの特徴として、神のみことばと教えをしっかりと生活の中で保持しているかが問われています。九節を見ましょう。

「教えにかなった信頼すべきみことばを、しっかりと守っていなければなりません。健全な教えをもって励ましたり、反対する人たちを戒めたりすることができるようになるためです。」

原語を見ると、この「しっかりと守る」ということばには、堅く保つ、くっついて離れないというニュアンスがあることがわかります。みことばへの強い執着心を持って歩んでいるかが問われているのです。神が注目しておられるのは、その人のみことばへの真摯な姿勢と実際の歩みであることがわかります。

「――主のことば――
わたしが目を留める者、それは、
貧しい者、霊の砕かれた者、
わたしのことばにおののく者だ。」（イザヤ六六・二）

「わたしのことばにおののく者」とありますように、教会で特に聖書を教える奉仕者は、よく注意して、主を恐れる思いをもって学び、語る必要があります。

「神のことばは生きていて、力があり、両刃の剣よりも鋭く、たましいと霊、関節と骨髄を分けるまでに刺し貫き、心の思いやはかりごとを見分けることができます。神の御前にあらわでない被造物はありません。神の目にはすべてが裸であり、さらけ出されています。この神に対して、私たちは申し開きをするのです」（ヘブル四・一二〜一三）。

神のことばを軽く見ているような取り扱いをしたり、もうわかっていると思い込んだりして、聴くことや学ぶことをやめてしまわないように注意したいと思います。みことばに生きるということがよく言われますが、まさに、みことばを軽んじることなく、みことばに聴いて従い、そしてみことばに養われ、整えられて歩む人を、神は教会の指導者としてお立てになるのです。

ヒッポのアウグスティヌスが次のように述べています。

「いちばん重要なことは、教理を教える人が喜びの心を持って教えるにはどうすればよいかということです。その人のことばは、その人の持つ喜びに比例してじょうずなものとなるからです」（『教えの手ほどき』熊谷賢二訳、創文社、一二五頁）。

みことばを教える人が、喜びの心をもって教えているかどうかが、伝道において、信徒教育において、非常に重要であることをアウグスティヌスは指摘しています。教えにかなった信頼すべき神のことばをしっかりと握っているかどうか、その教えに従って歩み、喜びの心をもって教えているかが、教会の働き人として問われることなのです。

8　神の家の管理者として

〈テトス一・六～九〉

「長老は、非難されるところがなく、一人の妻の夫であり、子どもたちも信者で、放蕩を責められたり、反抗的であったりしないことが条件です。監督は神の家を管理する者として、非難されるところのない者であるべきです。わがままでなく、短気でなく、酒飲みでなく、乱暴でなく、不正な利を求めず、むしろ、人をよくもてなし、善を愛し、慎み深く、正しく、敬虔で、自制心があり、教えにかなった信頼すべきみことばを、しっかりと守っていなければなりません。健全な教えをもって励ましたり、反対する人たちを戒めたりすることができるようになるためです。」

○×ではなく、成長の過程にあるか

他の説教者も語っておられますが、この箇所を読むと、私も牧会の務めにある者として身が縮こまるような思いになります。これができていない、あれも不足していると、だれかに責められているような思いになって、恥ずかしながら気持ちが沈んでしまいかねません。

「わがままでなく、短気でなく、酒飲みでなく、乱暴でなく、不正な利を求めず」とあるように、最初に五つの「～ではなく」という否定の表現が続きます。「わがまま」とは自分を喜ばせるという意味です。神を喜ばせることに努めず、自分の願うことのみを追求する人であってはならないというのです。「短気」は、とても怒りっぽいということです。自分の中にそうした傾向があることをいくらか感じているので、本当に耳の痛いことばです。「酒飲み」という語は、お酒を傍らに置いているという意味のことばです。教会の奉仕者はお酒ではなく、むしろ御霊に満たされることを求めなくてはなりません（エペソ五・一八）。「乱暴」とは、腕力あるいは口で相手を打ちつけることです。今日でいう「～ハラスメント」も本当に気をつけなくてはなりません。「不正な利を求める」とは、恥ずべき利益を求めるということばで、昔も今も金銭の取り扱いにおいて、働き人はその信仰が試されます（Ⅰテモテ六・九～一〇）。

こうした五つの否定「～ではなく」（ギリシア語本文では「メー」という否定辞）のことばに続いて、「むしろ」（ギリシア語で「アラ」という語）ということばの後に、六つのこうあるべきということ、すなわち「人をよくもてなし、善を愛し、慎み深く、正しく、敬虔で、自制心がある」という正しい姿勢が記されています。

もし、これらのリスト一つ一つについて○か×を付けるとすれば、どれだけの人が長老や監督として合格することができるでしょう。けれども、今回この箇所を熟読して、あらためて気づいた一つのことは、程度問題としてとらえる必要があるということです。ここにある条件は、ゼロなのかそれとも一〇〇なのかを判断するというよりも、任命してよいかどうかの判断です。それゆえ、たといこれらの条件を見て、一〇〇点満点に到達していなかったとしても、それで簡単に不合格となるということではないように思います。実際には、その候補者がこれらの条件について、それを目指している途上にあるかどうかを判断するということではないでしょうか。テトスも長老たちを任命していくにあたって、難しい判断がいくつもあったでしょう。たとえば、この長老候補者を審査すると一〇〇点とは言えなくても、それでも七〇点ぐらいに採点できるとした場合、その人のこれからの成長を期待して、主に祈りつつ、その人を叱咤激励して任命したのではないか、と私は想像しています。

さらに、この箇所を読むときに覚えておく必要のあることは、長老として任命できるような、ここに列挙されている品格を持った人へと、教会は群れの人たちを育てていかなくてはならない、ということです。つまり、ここを読む際には、まず、自分もここに挙げられているような信仰生活を送れるように自らを戒め、努めていかなければならない、ということです。そして次のこととしては、自分の教会がこういう人たちを育てていくように互いに励まし合っていかなければならない、ということです。教会こそは、キリストをかしらとする、主イエスの心で生きる人々を育てるという人間づくりに召されている場だからです。パウロがエペソ人への手紙で記しているとおりです。

「私たちはみな、神の御子に対する信仰と知識において一つとなり、一人の成熟した大人となって、キリストの満ち満ちた身丈にまで達するのです。こうして、私たちはもはや子どもではなく、人の悪巧みや人を欺く悪賢い策略から出た、どんな教えの風にも、吹き回されたり、もてあそばれたりすることがなく、むしろ、愛をもって真理を語り、あらゆる点において、かしらであるキリストに向かって成長するのです」（四・一三〜一五）。

「かしらであるキリストに向かって成長」していく者であるように、まだゴールに到達していなくても、その過程の中を進んで行くように、自分に対して、他の人々に対して信仰の気配りをしつつ、努力を惜しまず歩んでいきましょう。

神の視点で見るように努める

ここに挙げられている項目の多くはプライベートな生活に関するものですが、テトスにしても、テモテにしても、監督職や長老職として審査に合格した人たちを各教会に立てていくときに、いったいどのようにしてそんな個人的な情報を得ることができたのでしょうか。もしかするとそれを知るために、候補者の教会生活や地域での評判を調べたり、確認したりすることが事前に行われたのかもしれません。

「長老は、非難されるところがなく」（六節）や、「監督は神の家を管理する者として、非難されるところのない者であるべきです」（七節）と書かれています。非難されるところがあるかないか、それは彼らが周りのキリスト者たちからどう見られているか、ということです。たとえば、パウロがテモテを選ぶ際にも、彼の評判がその地域や教会で良かったということがありました。

「彼（テモテ）は、リステラとイコニオンの兄弟たちの間で評判の良い人であった」

（使徒一六・二、括弧内は筆者）。

その人が他の人々からどう見られているか、特に教会という場でどういう人物として評価されているかというのは、やはり重要なことなのです。もちろん、他の人々に見えていることには誤解や間違った判断もあることでしょう。しかし、他者の視点というのは、客観的判断をもってその人を見るときに大切な情報の一つとなります。それゆえ、過去においても、現在においても、牧会の奉仕を担う人たちがその働きをしていくにあたっては、教会からの推薦状が必要とされ、審査が行われています。

このことについて考えていると、個人的なことを思い出しました。私たちの教団も、神学校を受験する際に、所属教会の牧師と役員会からの推薦が必要です。かつて私も推薦状をもらい、神学校を受験し、試験と面接を経て入学が許されました。その受験に至る前のことですが、教会の役員会で、私は自らの献身の召命について証しをしました。その証しを役員の皆さんが静かに聞いたその後、牧師は力強く励まして推薦のことばを語ってくださいました。しかし、ある一人の役員の方がぽつりと、「この兄弟は真面目で熱心だが、何も秀でているものがない」と言われたのです。私はハッとしました。痛いところを突かれたからです。しかし何も反論できません。確かにそのとおりだったからです。しかし、それでも何とか役員会から推薦をもらって、その後に神学校の学びを終えて、現在に至るまで牧師をさせていただいています。

けれども私は、秀でたところがないと言われたそのことばをときどき思い出しては、主に感謝しています。私が「高慢になって、悪魔と同じさばきを受けることにならないようにするため」（Ⅰテモテ三・六）の深い主のご配慮であることを知っているからです。本当に主は何の取り柄もないこんな私を選び、その大切な教会の働きのために召してくださいました。ただ感謝して、ひたすら主にお仕えするだけです。

次にこの箇所から教えられることは、他人を見る目を養うことが教会指導者には求められるということです。キリストの弟子を生み育てていくために、人をよく見なくてはなりません。なぜなら、教会の未来を考えて、これという人を見つけて、「教える力のある信頼できる人たちに」（Ⅱテモテ二・二）、健全な教えであるみことばを確実に委ねていかなくてはならないからです。この人にならば、これからの宣教の働きを委ねていけるという人を見つけることが必要なのです。

パウロももともとは、他の人から見出された器でした。彼に目をつけて、主の働き手としてスカウトしたのはバルナバでした。

「バルナバはサウロを捜しにタルソに行き、彼を見つけて、アンティオキアに連れて来た」(使徒一一・二五〜二六)。

そしてそのパウロが目をつけたのがテトスであり、テモテでした。もっとも、こうした神の国のために働く人たちを最初に選び、立て、任命するのは主イエスご自身です。

「あなたがたがわたしを選んだのではなく、わたしがあなたがたを選び、あなたがたを任命しました。それは、あなたがたが行って実を結び、その実が残るようになるため、また、あなたがたがわたしの名によって父に求めるものをすべて、父が与えてくださるようになるためです」(ヨハネ一五・一六)。

日本宣教の先駆けとして来日したフランシスコ・ザビエル(一五〇六〜一五五二年)に目をつけたのは、イグナティウス・デ・ロヨラ(一四九一〜一五五六年)でした。イグナティウスは、同じ大学にいた、自分よりも十五歳も若いザビエルに目をつけて、彼が寝泊まりしている寮へ自分も移り住んで、繰り返し次の聖書のことばを語り続けたそうです。

「人は、たとえ全世界を手に入れても、自分のいのちを失ったら、何の益があるでしょうか」(マルコ八・三六)。

ザビエルはたいへん優秀で、将来を嘱望され、大学で教える仕事をそのまま続けることもできた青年でした。けれどもイグナティウスの説得の声は、いつしか人の声ではなく、主からの呼びかけとなって、ザビエルの心に突き刺さっていきました。やがてザビエルは、イグナティウスに呼びかけられた他の仲間とともに、宣教のために立ち上がります。そしてイエズス会が結成され、ザビエルはインドを経由して、不思議な導きの中で日本に来ることとなったのです。

どういうやり方で弟子を見出し、育てていくのが最善であるのかをよく考えなくてはなりませんが、私たちも次の世代の人たちのことを、愛をもってしっかりと見ていきましょう。そしてその人たちのために祈りましょう。また、その人たちによって自分の信仰の姿勢も見られていることを心に留めて、次世代への橋渡しの役目が果たせるように、主の助けを請いつつ努めていきましょう。

9　健全な信仰を目指して

〈テトス一・一〇～一六〉

「実は、反抗的な者、無益な話をする者、人を惑わす者が多くいます。特に、割礼を受けている人々の中に多くいます。そのような者たちの口は封じなければなりません。彼らは、恥ずべき利益を得るために、教えてはならないことを教え、いくつかの家庭をことごとく破壊しています。クレタ人のうちの一人、彼ら自身の預言者が言いました。

『クレタ人はいつも嘘つき、

悪い獣、

怠け者の大食漢。』

この証言は本当です。ですから、彼らを厳しく戒めて、その信仰を健全にし、ユダヤ人の作り話や、真理に背を向けている人たちの戒めに、心を奪われないようにさせなさい。きよい人たちには、すべてのものがきよいのです。しかし、汚れた不信仰な人たちには、何一つきよいものはなく、その知性も良心も汚れています。彼らは、神を知っていると公言しますが、行いでは否定しています。彼らは忌まわしく、不従順で、どんな良いわざにも不適格です。」

クレタ人は嘘つき？

聖書のことばを読んで、いろいろな感動を覚えると同時に、困惑するような文章にも、ときどき出合います。この箇所をいったいどう理解したらよいのか、あるいはどう解釈して適用すべきなのか、というようなことです。

神学生の時に話題になり、いくらか買い揃えた本に、『ハード・セイイングズ』というシリーズの英文の神学書がありました。難解と思われる聖句についての詳しい解説が載っている本です。

たとえば、私が青年の時、聖書を学び始めて間もないころ、マルコの福音書一一章で、イエスが空腹を覚えて、葉が茂っているだけで実のなっていない、いちじくの木に向かい、「今後いつまでも、だれもおまえの実を食べることがないように」とのろいのことばを言って、その木を枯らせたという記事（一二〜一四、二一節）を読んで、これはいったいどういう意味なのかと思いました。自分が食べたいときに実がなっていないのを怒って、いちじくの木を枯らせてしまうとは、何だか人間のわがままのように映って、どうもイエスさまらしくないと思ったりしました。もちろん、そのような私の考えはまったくの的外れです。エルサレムの町がうわべでは宗教的に盛んに見えていても、その実態は何の実りももたらしておらず、霊的貧困とさばきを受けなくてはならないという象徴的意味が、この出来事に込められているのです。けれども最初読んだときに、私はそのことがわからず、理解に苦しんだのです。

このテトスへの手紙一章一二節のことばも、どう理解するべきなのか、なかなか手ごわい箇所ではないでしょうか。

「クレタ人はいつも嘘つき、悪い獣、怠け者の大食漢」と書いてあります。なぜこんなことばが聖書に残されているのか、不思議に思いました。最後の「怠け者の大食漢」は、新改訳聖書第三版の訳では「なまけ者の食いしんぼう」となっていましたし、「怠けた食い道楽」（『新約聖書』新約聖書翻訳委員会訳、岩波書店）と訳しているものもあります。原文を直訳すると「怠惰な胃袋」となります。

はっきり言って、これは悪口ですし、現代の感覚からすると、差別表現と受け取られかねません。とにかく、ある民族を指して言う文章としては、あまりにもひどいものです。もちろん、これは、この書簡を書いたパウロ自身のことばそのものではありません。紀元前五〇〇年ごろの同国の人、クレタ島詩人エピメニデスの詩の一節です。しかしパウロはなぜ、そんな文章をわざわざ引用したのでしょうか。ある注解書にはこんなことも書いてありました。ギリシア語で、「クレタ人のように振舞う」（クレティゼイン）とは、「嘘をつく」という意味の俗語として使われていた、と。ちょうど、「コリント人のように振舞う」（コリンティアゼスタイ）というギリシア語が、不品行を行うという意味で使われたのに似ています。

さて、私たちはこのきつい表現をいったいどう考えたらよいのでしょうか。

クレタ人とは？

クレタ人はそんなにひどい人たちだったのでしょうか。あるいはクレタ人だけが、ここで言われているような人々だったのでしょうか。私は、クレタ人だけが当時の民族の中で際立って愚かな人々だったとは思いません。聖書には、名前の出てくる多くの民族について、その罪深いところが糾弾される記事がたくさんあります。旧約聖書の預言者たちは、ユダの人々の罪、カナン人の罪、エジプト人の罪、アッシリア人の罪など、その当時の人々の悔い改めない姿を厳しく戒め、それゆえに間違いなく、さばきが下されることを伝えました。

　クレタ島は、エーゲ海の青く透き通る海に囲まれた緑豊かな大きな島です。東西二六〇キロ、南北二〇～六〇キロの広さで、現在、たくさんの貴重な遺跡群のある、人気の観光スポットとして知られています。クノッソスのミノア宮殿に代表されるように、紀元前二〇〇〇～一四〇〇年にはミノア文明（エーゲ文明）の中心地として栄えました。特に、文明の高さは、多彩な色で染められた陶器や石の容器、金の装飾具などに見られ、紀元前二一〇〇～一一〇〇年ごろにはクレタ文字という絵画文字が用いられていたことも考古学的発見でわかっています。このように一時期は、地中海世界において文化が最も進んでいる島でした。

　ですから、この手紙が書かれた当時も、愚かさだけが目につくような人たちではなかったでしょう。それでは、なぜこのような厳しいことばが書かれたのでしょうか。それは、この手紙の背景と関係していると思われます。

偽りの教えを奉じる人たち

ここでテトスに語られた注意事項は、クレタ人だけのことではないことがわかります。

「反抗的な者、無益な話をする者、人を惑わす者」（一〇節）と書いていて、これらは、割礼を受けたとされる律法主義的なユダヤ人たちのことを指しています。彼ら偽教師たちが、あるいはその偽りの教えを奉じる人たちが、教会を分裂に追い込み、そして多くの家庭を破壊していたと言っています。特にクレタ人だけがその性質や民族的体質としての問題を有していたということを示すために、この箇所が神のみことばとして残されたのではありません。

当時、クレタ島にはパウロによって開拓された教会がたくさんあったと思われますが、この書が記している内容から類推すると、それらの教会が非常に大きな危機に直面していたようです。生まれたばかりの諸教会へのパウロの懸念が、詩人エピメニデスの表現さえも使って文章になったと想像できます。牧会上の経験からわかることですが、信仰を持ったばかりの人は、霊的な面において免疫力がなく、少しのことでもつまずき、倒れ、間違った教えに引き込まれやすいものです。クレタ島にある諸教会は、歩み始めたばかりの若い教会でしたから、注意を喚起するために、このようなきつい表現になったのではないでしょうか。見知らぬ土地へ親が子どもを送らなければならないとき、「そこには悪い人たちもいるから、十分に気をつけなさい」と、念入りな指示を与えることに似ています。

偽りの教えによる問題

クレタ人と、偽りの教えを持つ人たちとの共通の問題は、嘘や偽りがあったこと、そしてその教えを隠れ蓑にして心の中に汚れた欲望を潜ませていることでした。これらだれの中にも存在する罪こそ、教会や信仰者が戦わなくてはならない課題でした。

「クレタ人はいつも嘘つき」（一・一二）ということばがありましたが、日本に住んでいる私たちも、文化的には嘘をつくことについて、そんなに罪意識を持たないところがあります。もちろん、その内容や状況、程度でかなり異なることも事実ですが、「嘘も方便」と言って、やむをえないこととして片づけ、たいした罪悪感を抱くことなく過ごしていることもあるでしょう。そういうことが当たり前に受け入れられている環境の中で生きていて、嘘をつかずに、正直に生きること、真実を語ることは容易ではありません。自分をよく見せるように作らず、神の御前にある人間、またキリストに従う者として、日々格闘していかなくてはならないのです。

そして、このような真実なあり方で生きることに対して妨げとなるのは、心の奥底にある隠れた欲望の力です。そうした恥ずべき動機を、もっともらしい事柄や、立派に見える教えで覆い隠してしまう、それが当時の偽りの教えを教会に持ち込んでくる人たちの姿でした。

恐ろしいことに、従順ではなく「反抗」する生き方、何の益にもならない空理空論を弄ぶような生き方、汚れていることをきよいと宣言して虚構の土台の上に安楽するような生き方は、人々の耳に心地よい教えとして受け入れられ、広がりやすいのです。一〇節にあるように、どんどんと増殖していきます。ちょうど伝染性の病気のようです。

「俗悪な無駄話を避けなさい。人々はそれによってますます不敬虔になり、その人たちの話は悪性の腫れもののように広がります」（Ⅱテモテ二・一六〜一七）。

このパウロの勧めを聞くと、そうした偽りの教えを語る者の口を封じなければいけないとわかりますし、一三節では、「彼らを厳しく戒め」なさいと命じられています。この「戒める」（エレンコー）はギリシア語辞典には、彼らの考えが根本的に誤っていることを明らかにする、という意味であると書かれていました。同じことばがヨハネの福音書一六章八節にあります。

「その方が来ると、罪について、……世の誤りを明らかになさいます（エレンコー）。」

「その方が……明らかになさいます」とありますが、「その方」とは聖霊です。偽りの教えを語る者を厳しく戒め、その誤りを明らかにすることは、非常に難しいことです。これはまさに霊的な戦いであり、聖霊の力と神から与えられる正しい洞察がなければ、真の解決を得ることは困難でしょう。ですから、まず聖霊のみわざが力強く現れるように祈ることです。

健全な教えを持つこと

信仰の考えが誤っている人に対して、人間的に厳しく語り、戒めのことばを告げたとしても、かえってそれが逆効果になり、相手の反感を買い、対抗意識に火をつける結果になるおそれがあります。ですから、時間がかかったとしても、この書が強調しているように、「健全な教え」（一・九、二・一）を私たち自身が日々しっかりと堅持し、聖霊の働きを期待して祈るのです。そして健全な生き方を示すことによって、彼らの考えが根本的に誤っていることを明らかにしていくのです。そうでなければ、勝利の道はありません。健全な教えを持つためには、正しい信仰の知識や正統的な神学を保持しているだけでは不十分で、自分のうちにある嘘や偽り、肉の欲望と戦って、言行一致の信仰を求めていかなければなりません。

「健全」あるいは「健康」ということばが示していることは、静止した状態ではないということです。健康な人も健全な教会もいつも動的な状態にあり、生き生きとした生命の躍動感にあふれた歩みをしています。

ある方がこう言いました。「健康とは、病気をしていないとか、傷を負っていないというようなことではありません。本当の健康とは、たとえ病気になったとしても、その病原菌を退治して追い出す力があること、また、内側の免疫力が過剰な防衛反応を起こして、自らのからだを傷つけないことです」と。確かにそのとおりです。私たちの信仰にも同じことが言えます。間違った教えや考えにしっかりと反応して正しく対抗できること、そして内側から課題やトラブルが起こっても適切に対処できること、こうした対応能力や解決力を持っていることが、信仰の健康であり、教会の健全性なのです。健康な教会とは、何も問題がないというものではありません。箴言に次のようなことばがあります。

「牛がいなければ飼葉桶はきれいだが、

豊かな収穫は牛の力による。」（一四・四）

牛舎に牛が多くいれば、その中にある多くの飼葉桶は、人間が家で使う食器のように、その数に応じてどうしても汚れます。汚れた飼葉桶は放置することなく、あとでしっかりときれいにして、そこにまた干し草を盛ります。それを繰り返し行わなくてはなりません。それは当然のことであって、飼葉桶が汚れることを煩わしく思ってはならないし、汚れていることをもって悲観する必要もありません。汚れたら、また洗えばよいし、それを繰り返すことです。

罪赦された罪人である私たちが集う教会も同じことが言えます。教会に問題が起こることが問題なのではなく、問題を放置したままにしたり、それを解決していくための行動を怠ったりすることが問題なのです。汚れたら洗う、それが健全な歩みの原則です。

一〇～一六節を通して見ると、少々激しいことばが並んでいるように見えますが、そこに当時の状況に対するパウロの危機感と強い思いが感じられます。そしてパウロが何としても健全な教会を建て上げようと強い意志をもってテトスへ指示を出し、それをテトスが成し遂げられるように願う彼の熱い祈りが、これらの文章の背後に込められているのです。

10 健全な教えに生きる幸い

〈テトス二・一〉

「しかし、あなたは健全な教えにふさわしいことを語りなさい。」

健全な教えと、偽り、無益、作り話との対比

二章一節の「しかし」は、前節までに記されていたこととの対比を明らかにします。それは偽物の教えと言ってよいものでした。

「ですから、彼らを厳しく戒めて、その信仰を健全にし、ユダヤ人の作り話や、真理に背を向けている人たちの戒めに、心奪われないようにさせなさい」(一・一三〜一四)。

「ユダヤ人の作り話」や、「真理に背を向けている人たちの戒め」といったものが、人々の心を惑わし、教会を混乱させ、家庭を破壊していました（一・一一）。それに対しての「しかし」が二章一節の「しかし」であり、光と暗闇、信仰と不信仰の明暗を明らかにしています。それゆえ、一章一〇節から一六節と、二章一節から一〇節は、対照的なものとして描かれているのです。「無益な話」、「作り話」、「真理に背を向けている人たちの戒め」から生じる実は、家庭破壊と、知性や良心の汚れであり、どんな良いわざも生み出すことがありません。どんなに興味を引くような話や思想であっても、作り話には、永続性も、人を新しく生まれさせるいのちや力もありません。

しかし、健全な教えは、二章二節から一〇節にあるとおり、どの世代の人たちに対しても有効なものであり、信仰と愛と忍耐を生じさせ、愛のある家庭を建設させ、良いわざに励み、善良で信頼できる人格を形成していきます。みことばの力と永遠性は、次のペテロの手紙第一のことばによく表されています。

「あなたがたが新しく生まれたのは、朽ちる種からではなく朽ちない種からであり、生きた、いつまでも残る、神のことばによるのです。
『人はみな草のよう。
その栄えはみな草の花のようだ。

草はしおれ、
花は散る。
しかし、主のことばは永遠に立つ』
とあるからです。
これが、あなたがたに福音として宣べ伝えられたことばです」（一・二三〜二五）。

イエスご自身も次のように言われました。

「偽預言者たちに用心しなさい。彼らは羊の衣を着てあなたがたのところに来るが、内側は貪欲な狼です。あなたがたは彼らを実によって見分けることになります。茨からぶどうが、あざみからいちじくが採れるでしょうか。良い木はみな良い実を結び、悪い木は悪い実を結びます。良い木が悪い実を結ぶことはできず、また、悪い木が良い実を結ぶこともできません。良い実を結ばない木はみな切り倒されて、火に投げ込まれます。こういうわけで、あなたがたは彼らを実によって見分けることになるのです」（マタイ七・一五〜二〇）。

二章一節から一〇節には、牧会書簡全体のキーワードで、一章九節にもあった「健全な教え」ということばが出てきます。言い換えを含めると、都合四回書かれています。「健全な教え」（一節）、「神のことば」（五節）、「健全なことば」（八節）、「神の教え」（一〇節）です。世代や対象別に指示が述べられたなかで、それらの表現が各々のところに配置されているようです。

二～五節の「年配の男性と女性に対する勧め」の中で五節に「神のことば」、六～八節の「若い人に対する勧め」の中で八節に「健全なことば」、九～一〇節の「奴隷に対する勧め」の中で一〇節に「神の教え」と。

男性であれ女性であれ、年配者であれ、若者であれ、どんな社会的立場の人であれ、「健全な教え」に従い、それにふさわしく歩むように、テトスは教会を指導するとともに、教会を指導する人を育て、任命していくようにと命じられています。

健全な教えとは、今日でいえば、聖書の教えそのものです。この書が書かれたときは、もちろん新約聖書が成立する以前でしたから、旧約聖書しかなく、それに使徒たちが主イエスから直接学び、示された教えと福音を土台としていました。健全な教えをもとにして、教会は建て上げられていく必要があるのです。

「使徒たちや預言者たちという土台の上に建てられていて、キリスト・イエスご自身がその要の石です。このキリストにあって、建物の全体が組み合わされて成長し、主にある聖なる宮となります」（エペソ二・二〇〜二一）。

テトスへの手紙や他の牧会書簡が強調しているのは、教会はその健全な教えによって建て上げられていくという、聖書への集中、みことばを土台にした生き方でした。この世界には、非常に多くの思想や教えがあり、傾聴すべきものもたくさんあります。しかし、みことばは特別な神からの啓示であり、賜物です。

聖書信仰に立つ私たちが大切にしている聖書霊感の教理に関して中心となる聖書箇所は、牧会書簡の中にやはり含まれています。

「聖書はすべて神の霊感によるもので、教えと戒めと矯正と義の訓練のために有益です。神の人がすべての良い働きにふさわしく、十分に整えられた者となるためです」（Ⅱテモテ三・一六〜一七）。

牧会書簡全体の流れの中で、この聖句を見ていくと、「神の霊感」という特別な神の啓示の働きを土台としている聖書は、「教え」、「戒め」、「矯正」、「訓練」、「良い働き」という、目に見える結実として、具体的な実践、生き方へとつながっているものであること、そこに一番の強調があることを確認できます。

さて、テトスへの手紙二章は、二節から一〇節まで原文には、ヒナという「〜するため」を意味する接続詞が三回使われており、そのところをまとめると、次のようになります。

・家族を愛する人を育てるため（四節）
・神のことばが悪く言われることのないため（五節）
・神の教えを飾るようになるため（一〇節）

こうして見ると、「あなたは健全な教えにふさわしいことを語りなさい」というのは、健全な教えであるみことばは実践に結びつかなければ意味がないという行動への強い促しにとどまらず、みことばそのものには、人を造り変えて新しくする力があるという確信を持つようにと勧めているように思えます。神のことばが持つ偉大な力を新たに発見し、これに頼り、これによって生きる幸いな人を、今も主は待っておられるのです。

それゆえ、このように言い換えることができるかもしれません。年配の男性や女性、若い女の人たちや青年たち、奴隷の人たちを導く牧会の働きは、健全な教えである神のことばを伝えることであるということです。牧会の中心的な目的は神のことばを伝達することにあるのです。

カール・バルトの盟友で、実践神学の専門家E・トゥルナイゼンが『牧会学Ⅰ』（加藤常昭訳、日本基督教団出版局）の冒頭で次のように述べています。

「牧会が教会にとって必要なのは、神の言を、個人に伝達するためである。それは、教会のすべての正当な働きがそうであるように、教会に与えられている神の言の、生きとした力にもとづいている。神の言は、さまざまな形態で伝達されることを、求めるのである」（九頁）。

健全な教えである神のことばに聴いて従うなかで、結果として健全な信仰と生活が形成されます。そして、健全な生活に導く牧会そのものの目的が、健全な教えである神のことばを聴くことにあるのです。神のことばは良い結実を得るための単なる手段ではないのです。

イギリスで最初の小説と言われるダニエル・デフォーの『ロビンソン・クルーソー』は有名ですが、先日久しぶりに読んで、これは信仰を証しする小説だと感じました。デフォーは非国教徒でカルヴァン派のキリスト者でした。

その話の中で、無人島に流れ着いたロビンソンは、絶望と苦しみの中で、最初は神に恨み言を心の中でつぶやくだけの日々を過ごします。けれども、あるとき、重い病気になって、これまでの人生をいろいろと振り返ります。そして自らの罪を嘆き悔いていくうちに、聖書を読んで、常に祈るようになっていきます。それからは、彼の一日の日課は、第一に聖書を読み、理解するように努め、よく祈ること、これを三回行うことでした。みことばをもって一日を始め、次に猟に出かけて衣食を保持します。そして捕獲した獲物を解体する作業を行います。

小説では、ロビンソンが神の御前に立つ一人の人間として、みことばと祈りをもって新たな歩みを始めたことが描かれています。みことばには、人を新しくし、形造っていく力が秘められているのです。

11　健全な教えが導くゴール

〈テトス二・二～一〇〉

「年配の男の人には、自分を制し、品位を保ち、慎み深く、信仰と愛と忍耐において健全であるように。同じように、年配の女の人には、神に仕えている者にふさわしくふるまい、人を中傷せず、大酒のとりこにならず、良いことを教える者であるように。そうすれば、彼女たちは若い女の人に、夫を愛し、子どもを愛し、慎み深く、貞潔で、家事に励み、善良で、自分の夫に従順であるように諭すことができます。神のことばが悪く言われることのないようにするためです。同じように、若い人には、あらゆる点で思慮深くあるように勧めなさい。また、あなた自身、良いわざの模範となりなさい。人を教えることにおいて偽りがなく、品位を保ち、非難する余地がない健全なことばを用いなさい。そうすれば、敵対する者も、私たちについて何も悪いことが言えずに、恥じ入ることになるでしょう。奴隷には、あらゆる点で自分の主人に従って、喜ばれる者となるようにし、口答えせず、盗んだりせず、いつも善良で信頼できることを示すように勧めなさい。それは、彼らがあらゆる点で、私たちの救い主である神の教えを飾るようになるためです。」

どのように生きるのかという問い

聖書を読むと、このように生きなさい、とか、このように歩みなさい、というような勧めが、いろいろと書かれています。現代の人からすると、何か古い道徳律で人間を縛ろうとしているように見えるかもしれません。こうしたことばから、聖書についての関心を失ったり、読むことを躊躇したりするとしたら、その前に一つ知っておきたいことがあります。こういう様々な「こうあるべき」という聖書のことばの背後に、「今どう生きていますか」、また「どう生きていこうとしていますか」という問いが含まれているということです。

この聖書箇所にも、「年配の男の人」「年配の女の人」「若い女の人」「若い人」「奴隷」のそれぞれに対して、牧会的な指導のことばが書かれています。個々に、何を大切にして、どういうところに注意して歩むべきかを教えています。テトスの立場からすれば、彼の師である大宣教者パウロからのことばに、全神経を傾けて、一つ一つ心に留めながら読んだことでしょう。諸教会を導き、建て上げる牧会的な務めをしていくため、この手紙をいつも参考にしていたことでしょう。この手紙を書いたパウロ自身は、数年後には殉教の死を遂げていますから、愛する師の亡き後も、「韋編三絶《いへんさんぜつ》」ということばのように、テトスは何度も繰り返しこの手紙に目を通して、擦り切れるぐらいに読み込んで、自分のたましいにしっかりと刻み込むほどに味わったことでしょう。

健全な教えが目指すもの

ギリシアの哲学者ソクラテスは、「大切にしなければならないのは、ただ生きるということではなく、善く生きることなのである」と語りました（プラトン著『クリトン』より）。ただ生きるというのではなく、善く生きること、これはギリシア哲学の倫理思想の中心でした。生きるということの質、どう生きるのかということです。

テトスはこれから、クレタ島に誕生していた諸教会の建て上げに力を尽くそうとしていました。そんな彼にパウロは、「年配の男の人」には、あるいは「年配の女の人」には、このような人として彼らの成長を助けてほしいと指導の任を与えました。それは、どういう教会を建て上げるか、そしてその構成メンバーである一人ひとりは、どういう生き方をし、どういう家庭を築いていくべきかを示すものでした。

一人ひとりが健全に成長し、健全な家庭が形成され、健康な教会が島のあちらこちらに建てられていく、そのようにしてクレタ島全体が、健全な教えによって生まれ変わっていくのです。健全な教えで生きる人が健全な家庭を形成し、健全な家庭の人たちが健全な教会を建て上げ、健全な教会がその町を健全なものにしていく。そうして生まれ変わった町がクレタ島全体を、健全で、主の恵みにあふれた島に造り変えていくのです。これまで「嘘つき」とか、「怠け者」とか、「悪い獣」とかと言われていたクレタ人は過去のものとなります。かつて主イエスがナタナエルを指して言われたことばをもじって表現すると、「見なさい。まさにこの人こそ真のクレタ人です。この人には偽りがありません」（参照、ヨハネ一・四七）と言われるようになるのです。純潔で、慎み深く、裏表のない、品位のある人々がクレタ島に満ち、島が「神の国アイランド」となっていくのです。これは神が望まれることであり、これこそがパウロのビジョンだったのではないかと思います。

「神は、すべての人が救われて、真理を知るようになることを望んでおられます」（Iテモテ二・四）。

パウロはクレタ島の人々を愛しているがゆえに、福音宣教のために骨を折ってきたでしょう。美しい海に囲まれたこの島が、神の目から見て、喜ばれ、愛されている島となることを願っていたことでしょう。

創世記一八章に、罪と悪徳にまみれたソドムとゴモラの町を神が滅ぼそうとしておられるなか、アブラハムが必死になって主にとりなしをし、懇願する場面があります（二〇～三三節）。もし正しい者が五十人いたら、四十五人いたら、四十人いたら、三十人いたら、二十人いたら、十人いたら、とアブラハムはとりなします。このアブラハムの執拗なとりなしが主に聞かれたかというと、結果的には町に十人も正しい者がいなかったために、ソドムとゴモラは滅ぼされてしまいます（同一九・二三～二五）。

私は以前ここを読んだときに、次のように考えました。アブラハムは人数を十人ではなく五人、いや一人になるまで粘ればよかったのではないか、と。けれども、あとでそれが間違っていることに気づきました。罪深いこの町に、正しい者が十人もいないということは、罪と滅びから立ち直る可能性がないことを意味するからです。逆に言えば、もしわずか十人であっても正しい者がソドムとゴモラにいたならば、この町に対するさばきを回避できるだけでなく、主に喜ばれる町へと生まれ変わる可能性があるということなのです。

結局、正しい者が五十人あるいは十人いて、さばきが避けられた場合を考えてみると、正しい者たち自身がさばきを逃れられるのは当然ですが、大多数の悪い者たちもさばかれずに生き残ることになります。それで神の御思いが果たされるわけではありません。その悪い者たちも正しい十人の人たちによって後に悔い改めに導かれて、主に立ち返ることこそが御心なのです。

「主は、ある人たちが遅れていると思っているように、約束したことを遅らせているのではなく、あなたがたに対して忍耐しておられるのです。だれも滅びることがなく、すべての人が悔い改めに進むことを望んでおられるのです」（Ⅱペテロ三・九）。

私たち日本の島国に住むキリスト者も、少数者であることに安んじてしまうことなく、小さくとも主が期待しておられることを忘れずに、聖書的な意味において、この国が健全な教えを聞いて受け入れ、「神の国アイランド」へと新しく生まれ変われるようにたゆまず祈り、宣教のために労していきましょう。

12　健全な教えに生きる意味

〈テトス二・二～一〇〉

「年配の男の人には、自分を制し、品位を保ち、慎み深く、信仰と愛と忍耐において健全であるように。同じように、年配の女の人には、神に仕えている者にふさわしくふるまい、人を中傷せず、大酒のとりこにならず、良いことを教える者であるように。そうすれば、彼女たちは若い女の人に、夫を愛し、子どもを愛し、慎み深く、貞潔で、家事に励み、善良で、自分の夫に従順であるように諭すことができます。神のことばが悪く言われることのないようにするためです。同じように、若い人には、あらゆる点で思慮深くあるように勧めなさい。また、あなた自身、良いわざの模範となりなさい。人を教えることにおいて偽りがなく、品位を保ち、非難する余地がない健全なことばを用いなさい。そうすれば、敵対する者も、私たちについて何も悪いことが言えずに、恥じ入ることになるでしょう。奴隷には、あらゆる点で自分の主人に従って、喜ばれる者となるようにし、口答えせず、盗んだりせず、いつも善良で信頼できることを示すように勧めなさい。それは、彼らがあらゆる点で、私たちの救い主である神の教えを飾るようになるためです。」

人を愛する人を育てる

二〜一〇節の勧めの中で、特にユニークに感じるのは、「年配の女の人」に対して言われていることばです。まず三節、「良いことを教える者であるように」という命令です。これをもっと直接的に訳すと、「善の教師でありなさい」（「立派なことの教師」という訳もあります。『新約聖書』新約聖書翻訳委員会訳、岩波書店）となります。

これが書かれた時代、女性が教師であるように勧めることはあまりなかったでしょう。さらに、「年配の女の人」たちがこのように歩む理由を、「若い女の人」に教えるためだと言っています。次の世代の人たちに、正しい生き方を教え、善く生きる人生の素晴らしさを示すためであると言っているのです。自分がどのように今を生きるのかは、次の世代に影響することを覚えておかなくてはなりません。

その生き方の中心は、夫や子どもを愛する人になるということです。つまり、他の人々を愛することができるように励ますということです（四〜五節）。しかし、それは道徳的な強制ではありません。こうあるべきというものではないのです。この二〜一〇節の教えの基盤は、次の一一〜一四節に書かれています。一一節を見ておきましょう。

「実に、すべての人に救いをもたらす神の恵みが現れたのです。」

この「神の恵み」とは、イエス・キリストによって明らかにされた神の愛であり、キリストご自身とも言えます。私たちが夫を大切にし、妻を大事にし、子どもたちを愛することの基盤は、神が私たちを愛してくださったことにあるのです。

最近、『神の小屋』（ウィリアム・ポール・ヤング著、結城絵美子訳、いのちのことば社）という本を読みました。映画化もされました。主人公である五十代の男性マックは、家族でのキャンプ中に、最愛の末娘ミッシーを凶悪犯に誘拐されてしまいます。捜索の結果、小さな山小屋に娘の着ていたドレスが血まみれ状態で発見されます。それから四年の歳月が流れ、悲嘆に暮れていたマックのもとに、事件現場の小屋に来るようにという奇妙な案内状が届きます。その小屋へ行ったマックは、人間の姿形をした三位一体の神に出会うのです。

フィクションでありながら、とても深い内容であると感じました。この話は、神が愛であり、全能者であるというなら、なぜ悪や不幸を見過ごされるのか、という難しい疑問――キリスト教ではそれを神義論といいます――に対して、小説のかたちで一つの答えを提示したものです。

この話の中で、マックが神のうちに見たものは愛でした。生きることに気力を失い、絶望に打ちひしがれた彼を、もう一度、善く生きることに導いたのは、神の深くて大きな愛でした。神に愛されていることを知っている人は、家族を愛することができるし、他者と自分の両方を赦すことができるのです。

神の教えを美しく飾るため

二～一〇節に、同じことを指し示すことばが出てきます。それは「健全な教え」（一節）です。これは先に述べたとおり、牧会書簡全体を貫くキーワードで、これまでもいくつか見てきたものです。それは「神のことば」（五節）であり、「健全なことば」（八節）であり、「神の教え」（一〇節）です。神のことば、つまり、聖書のみことばこそが、私たちを、そして教会を健全にし、神の教えに沿った正しい歩みへと導いてくれます。その健全な教えの内容の詳しい説明は、このテトスへの手紙には記されていません。むしろ、この手紙が訴えていることは、健全な教えである神のことばと、私たちの生活とが完全に一つとなるようにせよ、ということです。健全な教えがどんなに立派であっても、それが書かれたことばのまま終わるならば、宙に浮いた状態です。それならば何の意味もないことをパウロは語ります。みことばが現実化すること、私たちのうちに血肉化していくことこそ、最も大切なことなのです。

「雨や雪は、天から降って、もとに戻らず、
地を潤して物を生えさせ、芽を出させて、
種蒔く人に種を与え、食べる人にパンを与える。
そのように、
わたしの口から出るわたしのことばも、
わたしのところに、空しく帰って来ることはない。
それは、わたしが望むことを成し遂げ、
わたしが言い送ったことを成功させる。」(イザヤ五五・一〇〜一一)

みことばはそういう力を持ったものであり、ただ聞くだけの者となって、それを押し殺

すようにしてはならないのです。

「ですから、すべての汚れやあふれる悪を捨て去り、心に植えつけられたみことばを素直に受け入れなさい。みことばは、あなたがたのたましいを救うことができます。みことばを行う人になりなさい。自分を欺いて、ただ聞くだけの者となってはいけません」（ヤコブ一・二一〜二二）。

ここでは、みことばが生きることにつながっていない、みことばと生活との乖離が問題とされています。思想家の森有正（一九一一〜一九七六年）は、そうしたことこそが日本の問題であると指摘しています。

「ことばというものが考えることと生きることとを結びつけることをやめて、すなわち正しい表現能力を失って、もう何かを表現するのは問題ではなく、ことば自体が一つの糸のきれたたこのようになり、一人歩きを始めて、そのことばのやりとりだけでもってすべての人が問題をすませてしまう」（『生きることと考えること』講談社現代新書、一九〇頁）。

そういう意味では、テトスの時代も、今の時代も、この健全な教えであるみことばの力を再発見し、神の恵みに覚醒することが求められていると言えるでしょう。奴隷として生活していた人たちが、健全な教えに基づいて、善良で信頼できる人間として歩むとき、神の教えは美しく飾られることになる、とパウロは語ります。

「それは、彼らがあらゆる点で、私たちの救い主である神の教えを飾るようになるためです」(一〇節)。

この「飾る」ということばは、コスモスというギリシア語の動詞形です。コスメティックといえば化粧品のことですが、その語源となったことばです。ここに表されているように、みことばの本当の美しさは私たちの生き方によって現すことができることを示しています。

私はときどき結婚式の司式をしますが、これまで五十組以上の新しい門出に立ち会ってきました。それでも、なぜか本番になると毎回緊張します。神の御前で誓約をして、今日ここに新しい家庭が誕生することを思うと、そこに立ち会えたことの喜びもありますが、二人がこれから歩んでいく人生の重さを私自身が感じて、厳粛な思いになるからです。そのときに新婦に向けていつも読み上げる聖書箇所の一つが、ペテロの手紙第一の三章です。

「同じように、妻たちよ、自分の夫に従いなさい。たとえ、みことばに従わない夫であっても、妻の無言のふるまいによって神のものとされるためです。夫は、あなたがたの、神を恐れる純粋な生き方を目にするのです。あなたがたの飾りは、髪を編んだり金の飾りを付けたり、服を着飾ったりする外面的なものであってはいけません。むしろ、柔和で穏やかな霊という朽ちることのないものを持つ、心の中の隠れた人を飾りとしなさい。それこそ、神の御前で価値あるものです」（一〜四節）。

「飾り」とは、他の人に見せるものです。そこで大事なのは、何を美しく見せるのか、そしてどのようなかたちで見せるのか、ということです。神が私たちに命じておられるのは、私たちの外側を良く見せるのではなく、隠れている内側を見せることです。外側を美しく見せるというのは、だれでもある程度わかるでしょう。では、私たちの精神や内面は、他の人々に対してどう見せたらよいのでしょうか。ペテロの手紙第一でいえば、それは、妻が夫に従うその忠実な姿勢によってであり、口数多く語ることよりも、むしろ無言の敬虔なふるまいを通してであるということです。そして妻の柔和で穏やかな姿によって、夫は、神を恐れる純粋な生き方をはっきりと見ることになります。

これはもちろん妻だけに求められていることではありません。すべてのキリスト者に当てはまる証しの生き方です。日々、主を敬う生き方そのものが、その人の内側にある、秘めた美しい飾りを他の人たちに見せることになります。そしてそれこそが決して朽ちることのない無限の価値を持つ、と聖書は語るのです。

13　すべての人に救いをもたらす神の恵み

〈テトス二・一一～一五〉

「実に、すべての人に救いをもたらす神の恵みが現れたのです。その恵みは、私たちが不敬虔とこの世の欲を捨て、今の世にあって、慎み深く、正しく、敬虔に生活し、祝福に満ちた望み、すなわち、大いなる神であり私たちの救い主であるイエス・キリストの、栄光ある現れを待ち望むように教えています。キリストは、私たちをすべての不法から贖い出し、良いわざに熱心な選びの民をご自分のものとしてきよめるため、私たちのためにご自分を献げられたのです。あなたは、これらのことを十分な権威をもって語り、勧め、戒めなさい。だれにも軽んじられてはいけません。」

初臨と再臨との間に生きる

一一～一三節は、たいへん美しく味わい深い文章です。このわずか数行の中に、神の大いなる人類救済のご計画と、その歴史的な枠組みが明らかにされています。聖書が語っていることばの理解からいえば、パウロやテトスが生きた時代も、そしてそれよりもはるか後の私たちの生きる現代も、一二節の「今の世にあって」ということの中に含まれています。自分が生きている「今」という時を、どういう時代とみなし得るのかを、この箇所は明示しています。

この世界は、確かに「不敬虔とこの世の欲」（一二節）の渦巻く時代です。正しく敬虔に生きていくにはあまりにも誘惑が多く、とても困難な時代だと思います。罪の世であり、邪悪で曲がっている時代です。しかし、聖書は「今」という時を、このように悲観主義的に映る一面だけで描いてはいません。

一一節と一三節をご覧ください。一一節では、「すべての人に救いをもたらす神の恵みが現れた」とあって、キリストが人となってこの世界に来られたことを宣言しています。

「ことばは人となって、私たちの間に住まわれた」（ヨハネ一・一四）。

今から二千年前、キリストは、神の恵みの光を輝かせるためにこの世界に来られました。十字架と復活を通して、私たちを罪から贖い出し、救いの恵みを与えてくださいました。

神の恵みの体現者として主は来られたのです。その最初の現れを、キリスト教では「初臨」と呼んでいます。

そして次に一三節です。

「祝福に満ちた望み、すなわち、大いなる神であり私たちの救い主であるイエス・キリストの、栄光ある現れを待ち望む。」

これは「再臨」のことです。「そのとき人々は、人の子が雲のうちに、偉大な力と栄光とともに来るのを見ます」（マルコ一三・二六）とキリストご自身が語られたことです。

このように聖書は、今の時代を単に罪と暗闇の世界とだけ見るのではなく、確かな始まりと希望の未来との間に位置する時代として示しています。「今」という時を、キリストの初臨と再臨との間に挟まれた時代、「神の恵み」が現れ、「祝福に満ちた望みであるキリストの、栄光ある現れ」に間違いなくつながっていく時代として語っています。私たちの目にどう映ろうと、神の恵みの始まった今の時代は、やがて祝福の希望に至るのです。

後ろを振り返れば神の恵み、前方を仰ぎ見れば祝福に満ちた望みが待っています。今の時代は、再臨に向かって主の祝福という名のハッピーエンドに進んでいることを信じてよいのです。

恵みの時代を生きる

この初臨と再臨との間に挟まれている今の時代を、神学者カール・バルトは「中間時代」と呼び、ディスペンセーション主義と呼ばれる神学では「恵みの時代」（Dispensation of Grace）と区分しています。確かに、聖書が語っているところから、「今」という時代を「恵みの時代」と呼ぶことは間違っていません。

日本の元号が平成から令和に変わりました。独自の元号を公式に採用している国は、世界でも珍しいと聞きました。それは数十年の単位で変わっていきます。その一方で、世界で多くの国が使用しているのは西暦です。西暦は、歴史の出来事として多少の誤差があったことがわかっていますが、基本的にはキリストのご降誕の年を元年として数えるものです。最近は、キリスト教色が濃いということで、C・E（コモン・エラ）と呼ぶ人も増えてきましたが、本来はA・D（アンノ・ドミニ）で、「主の年」という意味の略号を使います。ですから、このテトスへの手紙の表現を使えば、「すべての人に救いをもたらす神の恵みが現れた」時を起点にして数えられているのが西暦であり、ストレートに表現すれば、西暦とは「キリスト暦」と言うことができるでしょう。
ところが、恵みということばを、人間にとって恵まれた、幸福な時代のように理解してしまうと、私たちの直面している様々な現実や歴史と合致しているようには見えず、そのギャップから聖書の描く歴史を空想の物語のように考えてしまいかねません。パウロはコリント人への手紙第二でこう記しています。

「神は言われます。
『恵みの時に、わたしはあなたに答え、
救いの日に、あなたを助ける。』
見よ、今は恵みの時、今は救いの日です。」（六・二）

ただ主を見上げ、悔い改めて信じることによって、神から救いをいただけることが、今が恵みの時、救いの時代であるということでしょう。確かにそのとおりなのですが、それだけでないことを、テトスへの手紙のこの箇所は明らかにしています。それは、神の恵みを受け取れるのみならず、それを経験できる時代、神の恵みによって歩むことが可能である時代ということです。つまり、この中間的な時代において、神が私たちに求めておられる大切なことは、私たちが神の恵みによってしっかりと歩むということなのです。

神の恵みに訓練される

実は、この聖書箇所は原文ではかなりの長文で、一一節から一四節までが一つの文章で構成されています。その中心部分は、「神の恵みが現れた」（一一節）こと、そしてその「神の恵みが……私たち（を）……教えています」（一一～一三節）というところです。原文では、あとのほうを「神の恵みが教育する」、あるいは「訓練する」と訳すことができます。この同じ語（パイデウオー）は、子どもをしつけて「懲らしめる」と訳されることもあります（ヘブル一二・七、新改訳第三版）。

神の恵みというと、私たちを優しくケアし、リラックスさせ、何でも赦してくれるというものを想像しがちです。ところが、ここに書かれている神の恵みは、神の愛の言い換えのようなものではありません。私たちをしっかりと教育し、訓練と懲らしめを与え、成長を促すものであることが明らかにされています。むろん、ここで語られている神の恵みは、キリストご自身を指しています。

パウロは、コリント人への手紙第一の一五章で、次のように書いています。

「神の恵みによって、私は今の私になりました。そして、私に対するこの神の恵みは無駄にはならず、私はほかのすべての使徒たちよりも多く働きました。働いたのは私ではなく、私とともにあった神の恵みなのですが」（一〇節）。

とてもユニークな表現で神の恵みについて証ししています。パウロを今のパウロにしているのは、ほかならぬ神の恵みであると言い切っています。自分を真の自分にしてくれる存在こそが、神の恵みなのです。このように「今あるは神の恵み」と告白できる人は幸いです。

一二節で、神の恵みが私たちに示されることの第一は不敬虔とこの世の欲を捨てさせることと書かれています。「捨てる」というのは、それを完全に否定し、拒み、受けつけないことです。神の恵みは、すべてに寛容で、何でもOKを出すような柔弱なものではなく、私たちを正しく「ノー」と言わせるように導く力強いものです。このように、私たちを本当の私たちとしてくれるのが神の恵みなのです。

神の恵みは、慎み深く、正しく、敬虔な生活へ導く

一二節の「今の世にあって、慎み深く、正しく、敬虔に生活し」という表現は、主の降誕預言としてザカリヤが語った賛歌を思い起こさせます。

「私たちのすべての日々において、
主の御前で、敬虔に、正しく。」（ルカ一・七五）

神の救いであり神の恵みそのものであるキリストというお方が来られるとき、人々の生き方は変わり、真に生き生きとした歩みをもたらすと預言されていました。一四節には、「私たちをすべての不法から贖い出し、良いわざに熱心な選びの民をご自分のものとしてきよめるため」と書かれています。イエス・キリストによる救いのみわざは、救うことが目的ではなく、「ご自分のものとしてきよめるため」であることが明言されています。神の恵みが現れたのは、この世にある私たちを、慎み深く、正しく、敬虔な歩みに導いて、良いわざに励ませるためでした。

神の恵みは、キリストの再臨を待望させる

さらに、神の恵みは、キリストの栄光ある現れを待望させます。一三節の「祝福に満ちた望み」は、神の祝福の領域に私たちの思いを向ける希望ということです。

恵みの時代に生きて、いろいろな恵みを経験できたとしても、この世にあっては私たちは、完全で絶対的なものを見ることも経験することもできません。かといって、この世は不完全なものなので、どのように生きたとしても意味がないと考え、この世における生活を軽んじて、投げやりな生き方をしたり、誠実な歩みを放棄したりすることは間違っています。実際、現代は希望を持つこと自体が難しい時代でしょう。そのため、この不確かで、だれも見通せない未来よりも、目の前にある現実、「今」こそが大事であると多くの人が考えています。ポストモダニズムと呼ばれる現代において、「今」と「ここ」、そして「経験」がすべてであって、将来や、現実に手にとって確かめることのできない事柄、すぐに体験できないものなどは、無意味なことと考えられていないでしょうか。けれども、はたしてそうでしょうか。聖書はそうではないと明確に語ります。

「いつまでも残るのは信仰と希望と愛、これら三つです」（Ⅰコリント一三・一三）。

未来に対する希望を持たない歩みはやはり不完全なものですが、いつまでも残るものがここにあります。初臨によって示された恵みを起点とし、ゴールを再臨という希望に置くのが、主を信じる歩みの枠組みです。ポストモダニズムの考え方には、恵みの出発点も祝福のゴールも見出せません。

英語で、「ホープ・アゲンスト・ホープ」（hope against hope）という成句表現がありま す。文字どおりに言えば、希望に逆らう希望ということになるでしょうか。その意味は、あり得ないことに望みをかけたり、空望みをしたりすることだそうです。実現するはずのないことに淡い期待を持つということです。

しかしこの成句は聖書のことばから生まれたもので、元の意味とは全く異なったものになってしまいました。この句は「望み得ない時に望みを抱いて……」（ローマ四・一八）という表現から採られたのです。アブラハムの信仰について、パウロが述べていることばです。この聖書箇所に述べられている「望み得ない時に望む」というのは、本当は無駄な空望みなどではなく、必ず成就する神による希望の約束です。希望を持てないような状況の中でも、それに逆らって希望を持つことができるというのが、みことばが指し示す正しい意味であり、それこそが真の希望なのです。
それゆえ、この世にあって、神の恵みによって整えられつつ、忍耐をもって、主の再臨を待ち望んで歩むことが、私たちが導かれている生き方です。ヨハネはこう述べています。

「私たちは、キリストが現れたときに、キリストに似た者になることは知っています。……キリストにこの望みを置いている者はみな、キリストが清い方であるように、自分を清くします」（Ⅰヨハネ三・二〜三）。

一五節に「あなたは、これらのことを十分な権威をもって語り、勧め、戒めなさい。だれにも軽んじられてはいけません」とありますが、これはその前の一一〜一三節を踏まえて読むと、テモテに対して言われた「キリスト・イエスにある恵みによって強くなりなさい」（Ⅱテモテ二・一）というパウロの激励のメッセージが、そこに含まれているように感じます。宣教の働きの中にあるテトスに対しても、パウロは同じように語っていたのです。恵みによって強くあれ、と。

このように、主の恵みによって強くされ、弱い者であるのに強くしてくださる方によって（ヘブル一一・三四）、どんなことでもできる（ピリピ四・一三）という確信を持ち、そして望み得ない時に望みを抱いて生きることが、主の宣教の働きを推し進める力となっているのです。

14　救い主イエス・キリスト

〈テトス三・一〜三〉

「あなたは人々に注意を与えて、その人々が、支配者たちと権威者たちに服し、従い、すべての良いわざを進んでする者となるようにしなさい。また、だれも中傷せず、争わず、柔和で、すべての人にあくまで礼儀正しい者となるようにしなさい。私たちも以前は、愚かで、不従順で、迷っていた者であり、いろいろな欲望と快楽の奴隷になり、悪意とねたみのうちに生活し、人から憎まれ、互いに憎み合う者でした。」

思い起こしなさい

一節に「あなたは人々に注意を与えて」とありますが、直訳すると、「あなたは彼らに思い起こさせなさい」という命令のことばです。この書の特徴なのですが、先にこうあるべきという実践が語られて、その後にその理由や根拠を述べます。この箇所も一〜二節に、社会でどう歩むべきかの指示があり、どうしてそんな優しさに満ちた穏やかな歩みが可能なのかというと、三節で、かつてはあなたもこの世にあって、神を知らず、欲望のままを歩んでいたではないか、と語ります。しかも四節からは、そんな自分が変えられたのは、神の愛といつくしみが現れたからであると、掘り下げていくように順々に語るのです。

ここでいう「思い起こす」は、過去の思い出や記憶を呼び覚ますというだけにとどまりません。それは、神の素晴らしい愛と恵みに気づくことに始まり、自分がかつてどういう者であったかを振り返り、さらに神の恵みに生かされている今、自分がどのような者として歩むべきなのかを考えることなのです。

「私たちも以前は、愚かで、不従順で、迷っていた者であり、いろいろな欲望と快楽の奴隷になり、悪意とねたみのうちに生活し、人から憎まれ、互いに憎み合う者でした。しかし、私たちの救い主である神のいつくしみと人に対する愛が現れたとき……」（三～四節）。

「私たちも以前は……」のところは、エペソ人への手紙二章で語られたことばを想起させます。

「さて、あなたがたは自分の背きと罪の中に死んでいた者であり、かつては、それらの罪の中にあってこの世の流れに従い、空中の権威を持つ支配者、すなわち、不従順の子らの中に今も働いている霊に従って歩んでいました。私たちもみな、不従順の子らの中にあって、かつては自分の肉の欲のままに生き、肉と心の望むことを行い、ほかの人たちと同じように、生まれながら御怒りを受けるべき子らでした。しかし、あわれみ豊かな神は、私たちを愛してくださったその大きな愛のゆえに、背きの中に死んでいた私たちを、キリストとともに生かしてくださいました。あなたがたが救われたのは恵みによるのです」（一〜五節）。

ジョン・ニュートンの有名な賛美歌「アメイジング・グレイス」（邦題「驚くばかりの」）の一節は、「驚くばかりの恵みなりき、この身の汚れを知れるわれに」となっていますが、原歌詞では、「驚くばかりの恵みなりき」のあと、「（主は）私のような卑劣漢を救ってくださった。かつて私は失われて、目が見えなかったが、今や私は見出されて、そして見えるようになったのだ」となっています。

ニュートンは二十代の時、奴隷貿易に従事していましたが、西アフリカで熱病に罹り、地元の黒人女性に助けを求めます。ところが彼女から奴隷のような扱いを受け、飢えとひどい屈辱とを味わうことになります。その女性は自分の食べ残しをニュートンに与えるのでした。あるときその皿を落としてしまい、失望している彼を見て、彼女はあざ笑うだけで、何もしてくれなかったそうです。

そんな情けない苦境から救出され、やがてイギリスに帰りますが、その後航海中に嵐に遭い、生命の危険を経験します。そのとき彼は必死に神に祈り求め、あわれみによって遭難を免れ、救われました。幾多の危機の中で経験した神の恵み深い助けと導きが、「アメイジング・グレイス」の歌詞の中で、あふれるばかりの感謝となって歌われているのです。

政府や社会に対してどうあるべきか

「あなたは人々に注意を与えて、その人々が、支配者たちと権威者たちに服し、従い、すべての良いわざを進んでする者となるようにしなさい」（三・一）。

この社会において指導的立場にある人々に対して（ここでは特に、政府や国の権威に対して）、どうふるまうべきかが述べられます。二章では、教会内のことが語られていましたが、ここでは一般社会でのあり方が語られています。社会に立てられた権威に対する従順は、テモテへの手紙第一にも記されています。

「そこで、私は何よりもまず勧めます。すべての人のために、王たちと高い地位にあるすべての人のために願い、祈り、とりなし、感謝をささげなさい。それは、私たちがいつも敬虔で品位を保ち、平安で落ち着いた生活を送るためです」（二・一〜二）。

過去の歴史の中で、キリストに従う人たちは、時の政府から危険分子とみなされて、いわれのない迫害を数多く受けました。それでキリスト者のリーダーたちは、護教論的な手紙を政治指導者たちにいろいろと送って、教会を擁護する嘆願をしてきました。ルターやカルヴァンもそうですが、十六世紀の再洗礼派運動の指導者であったメノー・シモンズもそうした手紙を多く書き残しました。『行政長官への嘆願』という文章を紹介しましょう。

「皆さん、私たちはひどく途方にくれて、苦悶しており、二つのものの間でおびえています。なぜなら、真理に従えば、迫害者の餌食にされます。しかしもし折れて、広い道に戻るなら、私たちは永遠に神の怒りの下に置かれなくてはなりません」（矢口以文

訳「行政長官への嘆願」『宗教改革著作集8 再洗礼派』教文館、三九八頁)。

メノーが書いたように、神の御心とこの世との間で、教会は闘ってきました。初代教会の時代も、宗教改革の時代も、信仰者たちはぎりぎりの闘いをしていたのです。テトスへの手紙は教会リーダーに宛てて書かれたもので、直接には護教論ではありませんが、キリスト者が、主に許されて立てられている政治指導者たちや政府に対して間違った考えや態度で生活しないために、こうしたことが記されたのです。もちろん、政府が神の御心に真っ向から反している場合は、「神に聞き従うよりも、あなたがたに聞き従うほうが、神の御前に正しいかどうか、判断してください」(使徒四・一九)というみことばにあるとおり、異なった対応になることは明らかです。

個人の生活においてどうあるべきか

二節に「だれも中傷せず、争わず、柔和で、すべての人にあくまで礼儀正しい者となるようにしなさい」と書いてありますが、これは基本的には「優しさ」が必要であるということです。「礼儀正しい者となるように」というのは意訳で、「すべての人に心から優しく接しなければならない」（新共同訳）という意味です。直訳すると「すべての人々に対して、あらゆる優しさを示す」ように、となります。それは、他の人に対して優しくあるように求めるのではなく、自分自身が優しく生きるということです。これは本当に難しいことです。生まれながらの人間の内にはない愛と言ってよいでしょう。そこで第二の「思い起こし」が必要なのです。自分が以前はどういう者であったのか、それなのに神のあわれみを受けることができた、ということを思い起こすのです。

神の啓示に対して無知で無関心であったこと

三節は「私たちも以前は……」と始まりますが、原文には「なぜなら」ということばが最初にあります。以下に、かつての私たちの姿を示す七つのことが書かれています。最初の三つ、「愚かで」「不従順で」「迷っていた者」は、神のことばに対して無知であり、無関心であったことを示しています。聖書が語る「愚かさ」は、基本的には、神を知らないこと、あるいは神の愛と義を知らないことを指すものです。詩篇にこう書かれています。

「愚か者は心の中で『神はいない』と言う。

彼らは腐っている。忌まわしい不正を行っている。」（五三・一）

「『神はいない』と言う」とは、無神論者であるという意味ではなく、実践的な意味での神不在の考え、つまり表面上は神を信じていると言っていても、実際には神の存在を信じていないかのような、神を恐れることのない、不敬虔で堕落した歩みをしているということを意味します。ですから、人はその生き方を通して「主は確かに生きておられる」と証しすることもできますが、愚かで罪深い歩みを通して「神はいない」という考えを態度で示すこともあるのです。ルターは、罪のことを「神なし」と定義しました。そして、ヤコブの手紙が「信仰」対「行い」について論じているのも、そういうことなのです。

「からだが霊を欠いては死んでいるのと同じように、信仰も行いを欠いては死んでいるのです」（二・二六）。

罪の奴隷状態であったこと

さらに、「いろいろな欲望と快楽の奴隷になり」と、以前の状態が記されています。「真理はあなたがたを自由にします」という主イエスのことばに対して、「私たちはアブラハムの子孫であって、今までだれの奴隷になったこともありません」と当時のユダヤ人たちは反応しました。それに対して主イエスは、「まことに、まことに、あなたがたに言います。罪を行っている者はみな、罪の奴隷です」と言われました（ヨハネ八・三一〜三四）。

好き勝手に生きて自由を謳歌していると思っていても、実際はそのことで自由を奪われ、征服され、そこから離れられないということです。ペテロもこう言っています。

「人は自分を打ち負かした人の奴隷となるのです」（Ⅱペテロ二・一九）。

他の人たちに対して、どういう者であったのか

「悪意とねたみ」は、人が心の中で抱えているものです。それが他の人との関係に反映します。他の人から恨まれ、自分も他の人を憎み、全体として見るなら、互いに憎み合う不幸な人間関係になってしまいます。聖書が明らかにしているのは、神と私たちとの関係が、他の人との関係と結びついているということです。神に愛され赦されていることを知っている人は、たとい他の人に対して怒りの感情を抱いたとしても、自分も主に赦してい

ただいた者であることを思い起こすことで、神の御前で相手を赦し、受け入れるように促されていることに気づきます。主イエスが山上の説教の中で指摘されたのはそのことです。

「ですから、祭壇の上にささげ物を献げようとしているときに、兄弟が自分を恨んでいることを思い出したなら、ささげ物はそこに、祭壇の前に置き、行って、まずあなたの兄弟と仲直りをしなさい。それから戻って、そのささげ物を献げなさい」（マタイ五・二三〜二四）。

これは、信仰者が礼拝をささげるという状況が想定されたみことばです。神を賛美し、感謝のささげ物をしながら、心のどこかで、赦していない人の顔が思い浮かんだり、恨まれていることを思い出してしまったりすることはないでしょうか。そういう心の中に語りかけてくる聖霊の促しに対して、蓋をしてはいけないのです。今すぐ和解しなくてはなりません。主に赦された自覚を新たにし、勇気をもって行動しましょう。

「全き愛は恐れを締め出します」（Ⅰヨハネ四・一八）。

15　神のいつくしみと人に対する愛の出現

〈テトス三・四〜七〉

「しかし、私たちの救い主である神のいつくしみと人に対する愛が現れたとき、神は、私たちが行った義のわざによってではなく、ご自分のあわれみによって、聖霊による再生と刷新の洗いをもって、私たちを救ってくださいました。神はこの聖霊を、私たちの救い主イエス・キリストによって、私たちに豊かに注いでくださったのです。それは、私たちがキリストの恵みによって義と認められ、永遠のいのちの望みを抱く相続人となるためでした。」

神のいつくしみ

四〜七節は、ギリシア語本文（ネストレ・アーラント校訂本第二八版）では詩文体として表現されています。もしかすると、初代教会において賛美歌として広く知られていたフレーズだったのかもしれません。確かに美しい文章です。二章一一節では「神の恵みが現れた」でしたが、三章四節は「神のいつくしみと人に対する愛が現れた」と書いています。これは紛れもなく、救い主キリストの来臨を指しています。ロゴスである神が、人間（肉体）となって、罪と汚れに満ちたこの世界にやって来てくださいました（ヨハネ一・一四）。人を救い、再生し、刷新するために、キリストは現れてくださったのです。主のみわざがなければ、私たちを義とするものは何もなく、すべては神の一方的な愛とあわれみによるのです。

テトスへの手紙を読むと、すべてのことがこの「神のいつくしみの現れ」あるいは「神の恵みの現れ」を土台として成り立っていることが証しされています。健全な教えの中心も、それにしたがって建て上げられる教会も、そこに集うキリスト者の生きる基礎も、すべてはこの真理を基盤としています。

ベツレヘム降誕教会に行ったとき、その歴史ある大きな建物に圧倒される思いでした。礼拝堂に入ると、中はプロテスタント教会では見ることのない様々な飾りで彩られていました。自分が立っている床板のさらに下には、古い時代に属する絵柄の入った石畳のようなものが見えました。礼拝堂前方の祭壇脇に地下へ通じる階段があり、そこを降りて行きました。内部は、灯りがところどころにあるものの薄暗い洞穴のような地下スペースです。

そしてその地下に、主がここで降誕されたとされる伝承の場所がありました。すぐそばに年老いた男性のレリーフが飾られています。それはヒエロニムスの顔でした。ラテン語訳聖書のウルガータを、この洞穴の中で灯りをともしながら翻訳したと伝えられています。伝承が正しいとするなら、主イエスがこんなに低くて暗い場所に、お生まれくださったということになります。しかも当時は家畜が飼われていたところで、その家畜の餌が盛られる飼葉桶に御子が寝かされました。ルカはこう記しています。

「ところが、彼らがそこにいる間に、マリアは月が満ちて、男子の初子を産んだ。そして、その子を布にくるんで飼葉桶に寝かせた。宿屋には彼らのいる場所がなかったからである」（ルカ二・六〜七）。

「彼らのいる場所がなかった」とあります。神の御子であるお方なのに、この世界のどこにも居場所のない者として来られました（ルカ九・五八、ヨハネ一・一一）。降誕教会の地下で、このまったく光の当たらない暗い洞穴のようなところでお生まれになったということの中に、私は「神のいつくしみと人に対する愛」が豊かに現されていると感じました。お生まれになったイエスの頭には、西洋絵画にあるような光は射していなかったと思いますが、この方から発せられる神のいつくしみの光の輝きは、罪と死の暗闇の中に座している人々を明るく照らして希望を与え、新しいいのちに生かすものでした。

「これは私たちの神の深いあわれみによる。
そのあわれみにより、
曙の光が、いと高き所から私たちに訪れ、
暗闇と死の陰に住んでいた者たちを照らし、
私たちの足を平和の道に導く。」(ルカ一・七八〜七九)

クリスマスの時期によく歌われる「馬槽のかたへに」という有名な賛美歌があります。J・S・バッハの曲で歌われますが、その原歌詞の一節です。

「私はあなたの飼葉桶のそばにたたずみます、幼子イエス、私のいのちよ。
私はささげ物を持って来ました、でも、それはあなたからいただいたもの。
私の霊と思い、心とたましい、情熱のすべてをどうぞ受け入れ、
御心にかなうものとしてください。」

十七世紀のパウル・ゲルハルトというルター派の牧師が書いた詩です。神のいつくしみと人に対する愛の現れであるお方が、飼葉桶の中に寝ておられます。その幼子イエスを傍らに立って見つめる自分は、深い感動と喜びに包まれて、この方こそ自分のいのちそのものであり、この自分のすべてをささげます、との告白のことばをもって賛美しています。「神のいつくしみと人に対する愛」に気づき、主を信じる者とされた人たちの祝福に満ちた喜びがここにあります。

聖霊の注ぎ

五節の「聖霊による再生と刷新の洗い」が何を意味しているのかには、種々の解釈があります。しかし共通しているのは、神は、私たちを新たに生まれさせるということにおいて再生し、その霊的立場や状況を刷新して、新しく生きることができるようにしてくださるということです。それを可能にされる聖霊が「豊かに注がれている」ということです。少しだけ注がれているのではなく、「豊かに」注がれているのです。聖霊が私たちに与えられ、このお方が働いておられるのを知ることは信仰生活の基本です。聖霊のお働きがなければ、私たちはだれ一人として救われることができないからです。

「神は、私たちが行った義のわざによってではなく、ご自分のあわれみによって、聖霊による再生と刷新の洗いをもって、私たちを救ってくださいました」（五節）。

コリント人への手紙第一にもこう書かれています。

「聖霊によるのでなければ、だれも『イエスは主です』と言うことはできません」（一二・三）。

「使徒の働き」は別名、聖霊行伝とも呼ばれます。初代教会の宣教は、ペテロやパウロらの働きはありましたが、それらすべてを導き、主導していたのは、御霊なる神、聖霊です。その聖霊が降《くだ》り（二・三三）、聖霊が満たし（四・三一）、聖霊が遣わし（一三・四）、聖霊が証しし（二〇・二三）、聖霊によって教会は励まされて前進しました（九・三一）。

先に五節には種々の解釈があると述べましたが、それは、「聖霊による再生と刷新の洗いをもって、私たちを救ってくださいました」で、「聖霊」と「洗い」をどのようにつなげて読むかという点についてです。

いくつかの訳を確認すると、次のようになっています。

「聖霊による、新生と更新との洗い」（新改訳第三版）、「聖霊によって新しく生まれさせ、新たに造りかえる洗いを通して」（新共同訳）、「再生の洗いを受け、聖霊により新たにされて」（口語訳）、「再生の洗いと、聖霊による刷新とをもって」（フランシスコ会訳）。

新改訳第三版では、「聖霊」が「新生と更新との洗い」の両方にかかるように訳しています。そして『新改訳２０１７』ではそのようにも読めますが、「聖霊による再生」と「刷新の洗い」の二つに分けるようなかたちに訳しているようです。また、新改訳以外の訳は、やはり二つに分けたような訳し方になっています。それが意味上、どれだけ違ってくるのかは微妙ですが、「洗い」ということばが洗礼を指すとすれば、洗礼についての神学的な理解に関わるところがあるかもしれません。

私たちの所属するメノナイト派では、この洗礼ということについて、ヨハネの手紙第一の五章六節から一二節のところをもとに、「霊と水と血の洗礼」ということが言われてきました。これら三つの洗礼を通して、私たちはキリストの弟子として整えられるというのです。

まず、霊の洗礼とは、御霊によって授けられる洗礼で、御霊がその人を霊的に新しく生まれ変わらせてくださることによって与えられるものです。水の洗礼とは、主を信じて新しくされた人が、キリストのからだである信仰の共同体に加えられる礼典としての洗礼です。そして最後の血の洗礼とは、再洗礼派（メノナイト派）の人々がその信仰のゆえに通った迫害を象徴しています。けれども、血はその意味に限定されるものでなく、信仰者の苦難全般の象徴としても理解されてきました。霊と水と血の洗礼を通して、人は新しく生まれ、再生され、刷新された者とされるのです。

これらすべてのことを、いつも思い起こす必要があります。再び一節に戻りますが、「あなたは人々に注意を与えて」とは、命令のことばで、継続的なニュアンスを持っています。ですから、たとえ人々が忘れたとしても、再び思い起こせるように、教会の奉仕者は繰り返し注意を与えて、主にあって良いわざを進んで行けるように、励まし続ける必要があるのです。「聖霊による再生と刷新の洗いをもって」私たちは救われたのです。

16　良いわざに導くことば

〈テトス三・八〜一一〉

「このことばは真実です。私は、あなたがこれらのことを、確信をもって語るように願っています。神を信じるようになった人々が、良いわざに励むことを心がけるようになるためです。これらのことは良いことであり、人々に有益です。一方、愚かな議論、系図、争い、律法についての論争は避けなさい。それらは無益で、むなしいものです。分派を作る者は、一、二度訓戒した後、除名しなさい。あなたも知っているとおり、このような人はゆがんでいて、自分で悪いと知りながら罪を犯しているのです。」

信頼に値することばを持っているか

三章八節の最初の文章は、「このことばは真実です」と短く表現されています。新改訳第三版では「これは信頼できることばですから」と訳されていました。これは、牧会書簡共通のキーワードであり、五回も同じ文章が出てきます。原文ギリシア語では、ピストス・ホ・ロゴスという表現です。ギリシア語のピストスは、信頼できる、信頼に値する、という意味です。何が信頼に値するかといえば、ここで言明されている「ことば」です。広くとらえるなら、聖書のことば全体と言ってよいでしょう。

ところが、現代においては、多くの人々が「このことばは真実です」と言い切れるような信頼に値する何かを持っていないように思います。その代わりに真実ではない不確かなことばがあふれています。見せかけのものや一時的なものがほとんどで、どんなに期待し、信頼したとしても結局は裏切られてしまうことを、世の多くの人たちがその経験から感じ取っています。

聖書の書かれた時代はどうであったかというと、九節、「一方、愚かな議論、系図、争い、律法についての論争は避けなさい。それらは無益で、むなしいものです」とあるとおり、信頼できない教えや考えが、教会の外側だけではなく、教会の内側にも入り込んできていました。健全な教えから引き離そうとする誘惑の力が絶えずありました。それらは無益で、むなしく、何の実も結ぶことのないものでした。

無人島に持って行く一冊として今も第一に選ばれるのが聖書であるということも、多くの人が、これこそが信頼に値する、一生読むに値する書物であると思っているからでしょう。ユニバーサルという意味での普遍性、そしてまったく変わらないという意味での不変性を持った絶対的に信頼できる宇宙第一の書物です。

真実なことばに信頼しているか

それでは、牧会書簡の中に、どんな真実なことばやメッセージがあったのかを見ていきましょう。数えると、全部で五つあります。

このことばは真実であると宣言できる第一のことばは、テモテへの手紙第一の一章一五節です。

「キリスト・イエスは罪人を救うために世に来られた。」

私たち罪人を救うためにキリストは来てくださったのです。キリスト来臨の目的は、「罪人を救うため」でした。これは決して忘れてはならないメッセージです。私たちはこのことばに信頼しているでしょうか。

第二の信頼できることばは同書三章一節です。

「もしだれかが監督の職に就きたいと思うなら、それは立派な働きを求めることである。」

「監督」とは、今でいう牧師職と理解できます。神の教会の働きのために、献身を願う人たちが起こされること、これを大切なこととして求めているでしょうか。働き人となるために神学校に入りたい人たちは、「立派な働きを求め」ているのです。「召されていない者が献身する不幸、召されているのに献身しない不幸」と言った人がいます。今日、特に「召されているのに献身しない不幸」とならないように祈りたいと思います。

第三の信頼できることばは同四章八節です。

「今のいのちと来たるべきいのちを約束する敬虔は、すべてに有益です。」

牧会書簡の中でパウロは、「敬虔」(神を恐れ敬うこと)であることを求めるように強く勧めています。そしてテトスへの手紙の一章一節で「神に選ばれた人々が信仰に進み、敬虔にふさわしい、真理の知識を得るため」と使徒職の目指すところを述べています。だれもが第一に求めなければならない生き方が敬虔です。
第四の信頼できることばは、テモテへの手紙第二の二章一一〜一三節です。

「私たちが、キリストとともに死んだのなら、
キリストとともに生きるようになる。
耐え忍んでいるなら、
キリストとともに王となる。
キリストを否むなら、
キリストもまた、私たちを否まれる。
私たちが真実でなくても、
キリストは常に真実である。
ご自分を否むことができないからである。」

このところは、全体的に未来における確かな希望を明示しています。神あるいはキリストにできないことはない、全能の方であると私たちは告白します。けれども、屁理屈のようですが、ここにできないことがあると記されています。それは、キリストは嘘をつくこ

とができないということです。これは大いなる慰めでもあります。キリストは常に真実であられるのです。

第五の信頼できることばが、テトスへの手紙の三章四〜七節です。長くなるので、前半だけを引用します。

「しかし、私たちの救い主である神のいつくしみと人に対する愛が現れたとき、神は、私たちが行った義のわざによってではなく、ご自分のあわれみによって、聖霊による再生と刷新の洗いをもって、私たちを救ってくださいました。」

このことばは、前回見たように、再生の洗いと聖霊による刷新、という素晴らしい神のみわざによって、私たちは変えられ、「永遠のいのちの望みを抱く相続人」となったことを述べています。

いかがでしょうか。神が私たちのためにしてくださったみわざが、嘘偽りのない真実なものであり、これらのことばは確かに信頼できるものなのです。アンプリファイド訳聖書では、八節の最初は「このメッセージは最も確実なものである」(This message is most trustworthy) と訳されています。

真実なことばに導かれる

この真実なことばを持っていることが「良いわざ」につながる、と聖書は続けて語ります。三章全体を見ると、「良いわざ」を行うようにと、三回記されています。一節、「すべての良いわざを進んでする者となるようにしなさい」、八節、「神を信じるようになった人々が、良いわざに励むことを心がけるようになるためです」、一四節、「差し迫った必要に備えて、良いわざに励むように教えられなければなりません」。テモテへの手紙やこのテトスへの手紙で明言されていることは、「真実なことば」あるいは「健全な教え」と、「良いわざ」が車の両輪のように一緒に働くということです。神のことばの真実を確信しているならば、それが必ず良い行動へと私たちを駆り立てるのです。

真実ではないことばは、無益で、むなしいものであり、良い実を結ぶことがありません。九〜一一節で語られているように、そうしたことの中に引きずり込まれないように、パウロは「避けなさい」（九節）、「除名しなさい」（一〇節）と、きつい指示を与えています。無益な議論をする人たち、分派を作る者たちを避けて、交わりさえ拒むようにと警告しています。詩篇一篇が描いている警告を思い出します。

「幸いなことよ
悪しき者のはかりごとに歩まず
罪人の道に立たず
嘲る者の座に着かない人。」（一節）

「悪しき者」「罪人」「嘲る者」たちと深く関わることが、「歩む」「立つ」「座に着く」ということばで表されています。一度そこへ足を運ぶと、続けて通うようになり、やがてその場に頻繁に立っている状況となり、やがてそこが家のようになって、座に着いて離れられなくなってしまうというのです。異なった教えに引き込まれていく経過も同じです。ヨハネも警告しています。

「あなたがたのところに来る人で、この教えを携えていない者は、家に受け入れてはいけません。あいさつのことばをかけてもいけません。そういう人にあいさつすれば、その悪い行いをともにすることになります」（Ⅱヨハネ一〇〜一一）。

伝道を大切にしている私たちの教会は、この点に関して、とても難しい対応をしなくてはなりません。基本的には、どなたでも受け入れ、歓迎するのですが、もしも、その人が偽りの教えを奉じている人で、それを持ち込むために来たのであるならば、拒絶しなくてはなりません。生まれたばかりの若い信仰者がほとんどであったクレタ島の教会も、歓迎と拒絶の両方を実践するように命じられたのです。

青年のころ、私の出席していた教会に、いろいろな若者が訪ねて来ました。伝道しなければ、と私自身はだれに対しても歓迎する姿勢で証しするようにしていました。ある日、とても柔和な男性が教会に来るようになりました。それで私も彼を歓迎し、交わりを持とうと努めていました。ところがあるときから牧師があの人と関わらないようにと注意してくださいました。そのうちに彼と連絡が取れなくなり、牧師といっしょに彼の住んでいたアパートを訪ねてみると、引っ越したようで荷物はなくなっていました。そこには異端の教えを奉じるグループの教祖の写真が飾られていて、私はとても驚きました。

一二節からは、聖徒たちとの交わりや奉仕が奨励されていますが、私たち一人ひとりにとって、何が有益なことであるのか、何が実を結ぶものであるのかという霊的な判断力を持つことが必要です。

私たちは終わりの日の困難な時代に生きています（同一節）。敬虔に生きることが難しい時代です。ですから、テトスへの手紙は、何が真実なことばであるのかをはっきりと確信し、良いわざに努めるようにと語るのです。真実なことばである聖書をよく読み、それに従い、ここにしっかりと立ち続けることこそ、どの時代にあっても最も重要なことです。

「いのちのことばをしっかり握り、彼らの間で世の光として輝く」（ピリピ二・一六）ことが、自分を建て上げ、家庭を建て上げ、教会を建て上げることになります。そして教会が世の光として輝く存在となります。教会こそ、神の家であり、真理の柱であり、土台なのですから（Ⅰテモテ三・一五）。

若くして世を去った詩人の八木重吉は、詩を書いて最初にもらった原稿料で、新約聖書を一〇冊買ったそうです。それは、他の人たちに配って読んでもらうためでした。しかも彼は聖書を多くの人たちにただ読んでほしいという思いだけでなく、読んで、そのことばによって歩む幸いをも伝えたいと願ったのです。彼のそういう思いが次の詩によく表れています。

「聖書をよんでも
いくらよんでも感激がわかなくなったなら
聖書を生きてみなさい

ほんのちょっとでもいいから」

八木重吉は、真実なことばである聖書によって生きる道を、やさしく詩で表現したのでしょう。私たちも真実なことばである聖書を生きてみたいと願います。

17　信仰の仲間とともに生きる

〈テトス三・一二〜一五〉

「私がアルテマスかティキコをあなたのもとに送ったら、あなたは何とかして、ニコポリスにいる私のところに来てください。私はそこで冬を過ごすことにしています。律法学者ゼナスとアポロが何も不足することがないように、その旅立ちをしっかりと支えてあげてください。私たちの仲間も、実を結ばない者にならないように、差し迫った必要に備えて、良いわざに励むように教えられなければなりません。

私と一緒にいる者たちがみな、あなたによろしくと言っています。信仰を同じくし、私たちを愛してくださっている人たちに、よろしく伝えてください。

恵みがあなたがたすべてとともにありますように。」

第一のリクエスト「私のところに来てください」

テトスへの手紙は、パウロ個人の現況と、よろしく伝えてくださいとのあいさつ、そして結びの祈りで閉じられています。

同時期に書かれたテモテへの手紙第一には、パウロの個人状況や私的な依頼はほとんど記されていませんが、テモテへの手紙第二には多くの人の名前が挙げられて、パウロの個人的な要望が記されています（Ⅱテモテ四・九〜二二）。そこでも書かれている依頼内容に似たことが、テトスへの手紙にも見られます。それは、「私のところに来てください」（三・一二）という願いです（Ⅱテモテ四・九、二一）。しかも、「あなたは何とかして」と書いています。この「何とかして」という表現は、熱心や努力という意味も含まれることばです。熱心に努力を払って、どうにかして、急いで私のもとへ来てほしいというパウロの懇願です。

なぜそのようなリクエストをしたのか、はっきりとはわかりませんが、おそらく危機が迫るなか、自らの地上生涯の残り時間を意識してのことであったと思います。「真のわが子」と呼ぶテトスです。パウロとしては、彼と顔と顔とを合わせて、ぜひ伝えておきたいことがいろいろとあったのでしょうし、そして何よりも主にあって良い交わりを持っておきたいということだったのでしょう。十字架の死が近づく主イエスのような思いであったと思います。

「さて、過越の祭りの前のこと、イエスは、この世を去って父のみもとに行く、ご自分の時が来たことを知っておられた。そして、世にいるご自分の者たちを愛してきたイエスは、彼らを最後まで愛された」（ヨハネ一三・一）。

パウロも信仰の仲間たちを最後まで愛し抜きました。彼は信仰を持つ者たちの間に与えられた交わりをいつも大切に考えていました。その書簡を読むと、いろいろなところで心から交わりを求めていたことがわかります。ローマ人への手紙にも、次のように書いています。

「私があなたがたに会いたいと切に望むのは、御霊の賜物をいくらかでも分け与えて、あなたがたを強くしたいからです。というより、あなたがたの間にあって、あなたがたと私の互いの信仰によって、ともに励ましを受けたいのです」（一・一一〜一二）。

テトスへの手紙とは書かれた時期や状況に違いがありますが、ここでも、ローマの教会の兄弟姉妹たちと会って、交わりを持ちたいという切なる願いを表しています。その理由として、彼らの信仰を強めることと、共に信仰の励ましを受けることの二つを挙げています。そして実際に多くの信仰の友や同労者たちを持っていたことを、同書の一六章が示しています。

テトスに対してもパウロは、彼の信仰を強めて、共に励まし合うために急いで来るように願いました。

私たちがこうして教会で共に集まって礼拝する大きな理由の一つが、この交わりにあります。今は便利な時代で、パソコンやスマホを使って、自宅や他の場所にいながら、世界中の礼拝の動画やメッセージビデオを見ることができます。教会に来られない事情があり、病気などの場合は、とても良い助けになっています。しかし教会に、決まった時間に同じ場所に集まる必要がなくなったわけではありません。二千年前のパウロにも、現代の私たちにも、交わることが必要であって、そのことによって得られるものを過小評価すべきではないのです。

第二のリクエスト「旅立ちをしっかりと支えてあげてください」

ここに書かれている第二のパウロの依頼は、「その旅立ちをしっかりと支えてあげてください」（一三節）です。だれの旅立ちかといえば、「律法学者ゼナス」と「アポロ」という働き人の旅立ちです。

この手紙の終わり部分の一二節と一三節に、合計四人の名前が出ています。一二節には、「アルテマス」と「ティキコ」の名前がありました。

この四人の中で、ここだけにしか名前が記されておらず、ほかに情報がない人物が、「アルテマス」（一二節）と「律法学者ゼナス」（一三節）です。「アルテマス」は、エペソの異教の女神アルテミスに由来する名前なので、異邦人で異教の中から救われて、主を証しする宣教者となった人物と言われています。「ゼナス」も同じくギリシア神話の主神ゼウスから来た名前のようであり、異邦人であったことからすると、「律法学者」という肩書は、ユダヤのそれではなく、ギリシアやローマの法学者の意味かもしれません。彼らはパウロの異邦人宣教によって与えられた素晴らしい実でした。

しかし、他の二人「ティキコ」と「アポロ」は、ほかの聖書箇所にも言及されている人たちです。ティキコは、パウロの第三次伝道旅行に加わっていた弟子で、「使徒の働き」に記録されています。

「彼に同行していたのは、ピロの子であるベレア人ソパテロ、……アジア人のティキコとトロフィモであった」（二〇・四）。

牧会書簡のほかにティキコの名前は、獄中書簡であるエペソ人への手紙とコロサイ人への手紙に出てきます。

「私の様子はすべて、愛する兄弟、忠実な奉仕者、主にある同労のしもべであるティキコが、あなたがたに知らせます」（コロサイ四・七。ほかにエペソ六・二一～二二など）。

このようにティキコがどんなにパウロに信頼されていた奉仕者であったかがわかります。パウロは彼に三つのタイトルをつけました。「愛する兄弟、忠実な奉仕者、主にある同労のしもべ」と。そして彼が若くて体力があったからなのか、あるいは健脚であったからかは不明ですが、パウロの様子を伝える使者として手紙を持って長距離を移動し、各地の教会へ牧会訪問をしたことが記されています。

アポロについては、「使徒の働き」にこう記されています。

「さて、アレクサンドリア生まれでアポロという名の、雄弁なユダヤ人がエペソに来た。彼は聖書に通じていた」(一八・二四)。

コリント人への手紙第一にも彼の名前は多く出てきます。

「ある人は『私はパウロにつく』と言い、別の人は『私はアポロに』と言っているのであれば、あなたがたは、ただの人ではありませんか。アポロとは何なのでしょう。パウロとは何なのでしょう。あなたがたが信じるために用いられた奉仕者であって、主がそれぞれに与えられたとおりのことをしたのです。私が植えて、アポロが水を注ぎました。しかし、成長させたのは神です」(三・四〜六)。

こうした内容から察せられるように、アポロはたいへん雄弁な説教者であり、多くの人から慕われた、聖書教育のエキスパートのような人でした。牧会上は良くないことですが、コリント教会では、「パウロにつくか」、「アポロにつくか」と群れを二分するような状況が起こっていたくらいに、アポロは多くの信徒から慕われ、支持されていました。

このように、パウロは多くの同労者たちと連携して、各地で宣教を進めていました。働き人たちの間での、それぞれ置かれている地域や文化を超えて、しかも各々に与えられている異なった賜物や能力を結集して、キリスト教会の初期の宣教は行われていました。パウロはここで、テトスやその周りにいる信仰者たちに対して、ゼナスとアポロの「旅立ちをしっかりと支え」て、送り出すことで、一つの教会や地域に限定されない主の宣教のみわざにあずかるように命じています。（この二人がクレタにいたのではなく、別の場所から移動し、これからクレタに向かうので、テトスのほうで彼らを迎えて、とりなしてほしいと言っていると解釈する人たちもいます。けれども、これには文章理解として無理があるので、私は、彼らをテトスたちが送り出すものとして解釈します。）

以前、よく「グローカル」ということばを聞きました。「グローバル」と「ローカル」を重ね合わせた造語です。私たちはローカルということばのとおり、その地域や一つの教会といった限定された場所や人々に対する密着した宣教活動に力を注ぎます。それと同時に、グローバルな、もっと広い視野に立って、地方や国全体、あるいは地球規模においての神の国の働きについて祈り、そこにも何らかのかたちでつながっていることを意識しなければいけません。グローカルな宣教です。

このテトスへの手紙が書かれた時代、福音は広がりを見せていました。テトスにも、パウロはこのクレタのことだけに注力するのでなく、地中海世界の全体を見て、これらの宣教師たちが「何も不足することがないように」、あるいは航海のできない冬にならないうちに（一三節）、旅立てるようにしてあげてほしいと勧めたのでしょう。

第三のリクエスト「良いわざに励むように」

一四節には、この書の最後の勧告が記されています。

「私たちの仲間も、実を結ばない者にならないように、差し迫った必要に備えて、良いわざに励むように教えられなければなりません。」

「私たちの仲間」というのは、クレタ島のキリスト者たち、教会の人々を指します。パウロはテトスへの手紙で、「健全な教え」（一・九）あるいは「健全なことば」（二・八）と言われる神のみことばと教えに従うことは、必ず「良いわざ」に励む歩みを生み出すと語ってきました。

「このことばは真実です。私は、あなたがこれらのことを、確信をもって語るように願っています。神を信じるようになった人々が、良いわざに励むことを心がけるようになるためです」（三・八）。

そして最後に念を押すかのように、パウロは「良いわざに励むように」勧めています。車の両輪のように、良い教えと良いわざが一緒に回ることで、宣教が進められるという大原則を示すためです。

一四節の「差し迫った必要」とは、欠乏のための必要と取れば、貧しい人たちへの救済と考えられますし、一三節からの続きとして理解し、人々の世話や良い行い全般を指していると考えることもできるでしょう。いずれにしても、福音宣教が実を結んでいくために必要なことは、ことばとわざの両方であるとの見方は正しいでしょう。

この手紙の最後の一五節は、「恵みがあなたがたすべてとともにありますように」と祈りのことばで結ばれていますが、これも、神の恵みは実際に目に見えるかたちで現れ、私たちに神の愛といつくしみが明らかにされていることを示しています。主はその恵みを示すとき、みことばを語られただけでなく、みわざを成し遂げてくださいました。

テトスが心して覚えておくべきこと、そしてクレタ島の教会が覚えておくべきこと、それが「健全なことば」と「良いわざ」による宣教と教会形成でした。「健全なことば」は「良いわざ」を生み、「良いわざ」は「健全なことば」を信じる人々を成長させます。そして主イエスの心をもって生きる信仰の共同体を形造っていくのです。

ピレモンへの手紙について

パウロが書いたこの豆書簡、ピレモンへの手紙はどのような中で書き記されたのでしょうか。「このとおり年老いて、今またキリスト・イエスの囚人となっているパウロ」（九節）とあり、パウロ晩年の時期で、獄中にいたことが示されています。「使徒の働き」によれば、パウロはカエサルの前において裁判を受けるまで、二年間軟禁状態にあったようです。

「パウロは、まる二年間、自費で借りた家に住み、訪ねて来る人たちをみな迎えて、少しもはばかることなく、また妨げられることもなく、神の国を宣べ伝え、主イエス・キリストのことを教えた」（二八・三〇〜三一）。

ユダヤの総督ポルキウス・フェストゥスの着任した年（同二四・二七）が紀元五八年か五九年とすると、パウロはその冬をマルタ島で過ごして（同二八・一一）、六〇年にローマに着いたと考えられます。そして裁きを受けるまでの二年間、囚われている状態ではありましたが、訪れる人たちと自由に交流し、各地の教会へ手紙を書いていました。聖書中に収められているそれらの書簡が「獄中書簡」と呼ばれるもので、コロサイ人への手紙、ピレモンへの手紙、エペソ人への手紙、ピリピ人への手紙です。最後のピリピ人への手紙を除く、最初の三通はほぼ同時期に書かれたようです。これら三通ともティキコによって運ばれ、さらにその旅に同行したのがオネシモであると考えられるからです（エペソ六・二一、二二、ピレモン一二）。

「私の様子はすべて、愛する兄弟、忠実な奉仕者、主にある同労のしもべであるティキコが、あなたがたに知らせます。ティキコをあなたがたのもとに遣わすのは、ほかでもなく、あなたがたが私たちの様子を知って、心に励ましを受けるためです。また彼は、あなたがたの仲間の一人で、忠実な、愛する兄弟オネシモと一緒に行きます。この二人がこちらの様子をすべて知らせます」（コロサイ四・七～九）。

したがってピレモンへの手紙は、パウロがローマで紀元六一年ごろに書いたものと考えられます。

この書簡がパウロの著作であることを否定する人はほとんどいませんが、執筆された場所については、ローマのほかに、カイサリアを挙げる人、またエペソと考える人もいます（カイサリアやエペソとすれば、執筆時期が早まることになります）。伝統的見解では、これまで見たように、ローマで書かれたとされ、「使徒の働き」の記述や他の獄中書簡が記していることからすると、執筆場所をローマ以外の場所とする根拠はそれほど強くないと思われます。

執筆者　パウロ
執筆場所　ローマ
執筆年代　紀元六一年ごろ

1　愛と信仰

〈ピレモン一〜七〉

「キリスト・イエスの囚人パウロと兄弟テモテから、私たちの愛する同労者ピレモンと、姉妹アッピア、私たちの戦友アルキポ、ならびに、あなたの家にある教会へ。私たちの父なる神と、主イエス・キリストから、恵みと平安があなたがたにありますように。私は祈るとき、いつもあなたのことを思い、私の神に感謝しています。あなたが主イエスに対して抱いていて、すべての聖徒たちにも向けている、愛と信頼について聞いているからです。私たちの間でキリストのためになされている良い行いを、すべて知ることによって、あなたの信仰の交わりが生き生きとしたものとなりますように。私はあなたの愛によって多くの喜びと慰めを得ました。それは、兄弟よ、あなたによって聖徒たちが安心を得たからです。」

小さな宝石

ピレモンへの手紙は、パウロの書いた手紙の中で最も短い書簡です。全部で二十五節、日本語の標準的な聖書（二段組）で一ページ半の分量しかありません。原文のギリシア語では全部で三百三十四語という短さです。（ちなみに新約聖書中、最小の書簡はヨハネの手紙第二のようです。）ある人は、この書を「パウロのポストカード」、「手のひら文書」と呼びました。パウロの書いた大書簡であるローマ人への手紙（全十六章）やコリント人への手紙第一（全十六章）などと比較すると、そのことがよくわかります。

神学者の北森嘉蔵は、聖書を読む場合のコツは、新幹線から各駅停車に乗り換えるような読み方だと言っています（『聖書の読み方』講談社学術文庫、一四〜二六頁）。速いスピードで、通過するように読むのではなく、ときどき立ち止まって、そこに込められた深い意味と内容に目を留めるということです。ピレモンへの手紙は、まさにそのような読み方が求められる書です。あまりにも短くて、さっと通過してしまいがちな書簡かもしれませんが、ここに映し出されている信仰による人間ドラマを、共にゆっくりと味わいたいと願います。この書はパウロ書簡中の「珠玉の短編」、「小さな宝石」と称されて、大切に読まれてきたからです。

愛と赦しの手紙

なぜこんなに小さく、そして個人的な手紙が聖書に残されることになったのか、とても不思議なことです。これから見ていくことで明らかになると思いますが、この書が示している中心的な教えは、キリスト者の愛と赦しです。それは、キリストから受けた愛の心にしたがって生きることです。

富裕なキリスト者であったピレモンのもとで、オネシモは奴隷として働いていました。古代社会によく見られるように、この時代には奴隷制度がありました。ピレモンの家で何があったのかはわかりませんが、オネシモは何かの損害を与えたのでしょう。おそらく何か金品を盗んだのではないかと推測されます。そのことで彼は逃げ出してしまいました。勝手に主人のもとから逃げてしまったことだけでも、主人に対しては働き手を失わせるという損失を与えたことになります。直接に向かったかどうかはわかりませんが、オネシモは、主人のピレモンを信仰に導いた人、そして今は獄中にいるパウロのところに助けを求めたようです。

パウロは、牢獄に訪ねて来たオネシモを諭して、悔い改めさせて、主を信じる信仰へと導きました。信仰によって生まれ変わったオネシモをパウロはかわいがり、信仰の成長を助け、オネシモもパウロに必要なお世話をしたようです。年齢差はわかりませんが、実の親子のような時を過ごしたと思います。けれども、パウロはこのままオネシモを自分のもとにとどめておくことはできませんでした。ローマの法律で、逃亡奴隷は主人のもとへ必ず送り返さなくてはならなかったからです。

当時、奴隷は人間としての人権を認められていませんでしたから、主人を裏切った奴隷を待ち受けている運命は悲惨なものでした。厳しい罰を受け、そのことによって結果、殺されてしまうこともありました。そこで、パウロは主人ピレモンにオネシモを、神の恵みを受けた者として赦し、同時に主にある兄弟として受け入れてくれるようにと嘆願の手紙を書いたのです。

今回見るこの一〜七節には、主人であったピレモンがどんな人物であったのかが書かれています。パウロは、ピレモンが今どのように歩んでいるのかを記すことを通して、その拠って立つ信仰の基盤を思い起こさせ、このあとの信仰のチャレンジと嘆願のことばへとつなげていくのです。

主によって救われ、主の働きに召されているピレモン

パウロは、差出人としての自分を、「キリスト・イエスの囚人」と書きました。「使徒」、「キリストのしもべ」や「神のしもべ」と名乗ることはあっても、「囚人」と記している例はほかにありません。これは当時のパウロの状況をダイレクトに表していることばでもあります。私パウロは実際に、キリスト・イエスを宣べ伝えて、そのため獄に入れられていますと。このことばは悲惨な状況を訴えるような意味ではなく、その身に与えられた主にある光栄を示していました。なぜなら、キリストゆえに、このような苦難の中に置かれていたからです。次のみことばでも言われているように、パウロはこの状況を喜んでいました。

「人々があなたがたを憎むとき、人の子のゆえに排除し、ののしり、あなたがたの名を悪しざまにけなすとき、あなたがたは幸いです。その日には躍り上がって喜びなさい。見なさい。天においてあなたがたの報いは大きいのですから」(ルカ六・二二〜二三)。

けれども、「キリスト・イエスの囚人」ということばは、それ以上に、自分は、ローマ帝国の支配と権威による、犯罪人としての囚人ではなく、キリストに捕らえられた囚われ人である、という思いを表しているのです。かつてパウロは、キリスト者たちを捕らえに行って、ダマスコ途上で主の光を受け、反対にキリストに捕らえられてしまいました。同じ獄中書簡に数えられるピリピ人への手紙、そしてコリント人への手紙第二には、こう記されています。

「私は、すでに得たのでもなく、すでに完全にされているのでもありません。ただ捕らえようとして追求しているのです。そして、それを得るようにと、キリスト・イエスが私を捕らえてくださったのです」(ピリピ三・一二)。

「神はいつでも、私たちをキリストによる凱旋の行列に加え、私たちを通してキリストを知る知識の香りを、いたるところで放ってくださいます」(Ⅱコリント二・一四)。

コリント人への手紙のほうには、「私たちをキリストによる凱旋の行列に加え」とありますが、これはどういうイメージでしょうか。もしかすると、ここの「私たち」とは、キリストに従って戦いに勝った信仰の戦士の側ではなく、むしろ、神を知らず、神の敵であったかつての「私たち」がキリストに負けて捕らえられて捕虜となり、凱旋行列で引き回されている様子を描いているのかもしれません。

パウロがこれから訴えたいメッセージを考えると、ここで自分のことを「キリスト・イエスの囚人」と呼んでいるのは、「ピレモンよ、私パウロは今、主の囚人であり、逃亡して来た奴隷オネシモと、主の前では何も違いのない存在だ。そしてあなたも、キリストに捕らえられて、主のものとされ、主のしもべとされているのではないか」という意味合いがあるのでしょう。そして同じ一節の「私たちの愛する同労者」は、その囚人となっていたパウロやテモテと同じ主の宣教の列にピレモンも召し出され、導かれているということを示しているのでしょう。

続く二節の「姉妹アッピア」は、ほとんどの聖書注解者がピレモンの妻ではないかと推測しています。この手紙が、家から逃げ出した奴隷のことについて書かれていることから、主人ピレモンだけでなく、その妻にも読んでほしくて宛先としたとすれば、確かに筋が通ります。

次の「戦友アルキポ」と呼ばれている人ですが、ピレモンとアッピアの息子であると推測されています。ピレモンの実の兄弟などの身内と考える人もいます。少し違った理解では、ピレモンの「家にある教会」の指導者、あるいはコロサイの教会の牧師であると言う人もいます。実際のところは、断言できるほどの情報がなく、どれも想像の域を出ません。
このアルキポについては、コロサイ人への手紙に次のことばがあります。

「アルキポに、『主にあって受けた務めを、注意してよく果たすように』と言ってください」(四・一七)。

命じられていることばの内容や表現も、パウロの側から見て、年若い牧会者に対しての励まし、つまり「責任をもって、しっかりとがんばるんだよ」という感じの声かけのような印象を受けます。多くの人が推論しているように、私もアルキポは、ピレモンとアッピアの息子で、その家の教会で牧会あるいは重要な奉仕を担っていた人であると想像しています。

いずれにしても、ピレモンはこれらの挨拶のことばをじっくり読んで、自分が「父なる神と、主イエス・キリスト」(三節)によって救われて恵みと平安をいただいたこと、そのうえ、主の働きのために召し出され、主に捕らえられて、今の自分というものがあるということを心に留めたことでしょう。

主と聖徒たちに対して、愛と信仰を実践するピレモン

パウロは、あいさつのことばの後、すぐに「私は……感謝しています」と言います。ピレモンという一人の主にある兄弟のために祈るとき、パウロの心に思い浮かぶことは、ぴレモンの「主イエスに対する愛と信頼」でした。具体的なことはわかりませんが、ピレモンは自分の家を開放して、人数はともかく、人々が集まることのできる教会堂として用いていたわけですから、裕福な人だったのでしょう。その持てる財を自分の願望のために使うのではなく、主イエスに「どうぞ用いてください」と、ささげていたのでしょう。

自分に与えられた能力、健康、財産、立場等をどう使うのかは、その人自身に委ねられています。イエスが語られたタラントのたとえ（マタイ二五・一四～三〇）によく表されているように、この世における「わずかな物」について忠実で賢い管理をして歩んでいるかどうかを、すべての人が問われることになります。「よくやった。良い忠実なしもべだ」という御声を聞くことになる人は幸いです。ピレモンは、そのように忠実なしもべであろうとした人であり、信仰の実践者であったのでしょう。

五節に、「あなたが主イエスに対して抱いていて、すべての聖徒たちにも向けている、

愛と信頼について聞いている」とあります。注目すべきは、主に対するピレモンの信仰は、同時に主の聖徒たちに対する愛の行いと結びついていたことが証しされていることです。愛と信頼あるいは信仰は、実際のところ、「愛は大切だ」といくら言っていても、それだけでは何の意味もなしません。目に見えるかたちで現されて初めて、私たちに愛というものがわかり、実質のあるものとして感じられ、信仰もわかるのです。

ピレモンはそのことがよくわかっている人でした。主の愛を経験し、その愛を聖徒たちの間で実際の行いによって表していたのです。それが人々に喜びと感動を与えていたのです。パウロは、それを「聖徒たちが安心を得た」（七節）と、ここで表現しました。直訳すると、「聖徒たちの心が安んじられている」となります。心が安んじられているところから、『新改訳２０１７』では、日本語の「安心」ということばで表したのでしょう。

もっと詳しく言うと、「安心」の「安」の字と「心」という字とをそれぞれ分けて見る必要があります。まず、この「心」と訳されたほうですが、これはギリシア語でスプランクノンという語で、人間のからだの「内臓」や「はらわた」を指しています。この語はこの書簡中に三回使われています（七、一二、二〇節）。主の恵みを受けて、それが人に向けられて実践されるとき、愛が、人のたましいを感動で揺さぶり、その生き方を大きく変えるということが、ここに表されています。そういうふうに聖徒たちの心（スプランクノン）

が、ピレモンの信仰によって現された愛を通して「安んじられた」と言われているのです。

そこで、パウロは、信仰による愛で歩んでいるピレモンに対して「私はあなたの愛によって多くの喜びと慰めを得ました」（七節）と語りました。そしてそのうえで、「この手紙を読んだら、そのたましいを揺り動かしていく愛、その愛から生まれてくる赦しの心を、どうかこのオネシモに向けてやってほしい」と、信仰のさらなる一歩をピレモンに勧めていくのです。

2　愛の懇願

〈ピレモン八～一六〉

「ですから、あなたがなすべきことを、私はキリストにあって、全く遠慮せずに命じることもできるのですが、むしろ愛のゆえに懇願します。このとおり年老いて、今またキリスト・イエスの囚人となっているパウロが、獄中で生んだわが子オネシモのことを、あなたにお願いしたいのです。彼は、以前はあなたにとって役に立たない者でしたが、今は、あなたにとっても私にとっても役に立つ者となっています。そのオネシモをあなたのもとに送り返します。彼は私の心そのものです。私は、彼を私のもとにとどめておき、獄中にいる間、福音のためにあなたに代わって私に仕えてもらおうと思いました。しかし、あなたの同意なしには何も行いたくありませんでした。それは、あなたの親切が強いられたものではなく、自発的なものとなるためです。オネシモがしばらくの間あなたから離されたのは、おそらく、あなたが永久に彼を取り戻すためであったのでしょう。もはや奴隷としてではなく、奴隷以上の者、愛する兄弟としてです。特に私にとって愛する兄弟ですが、あなたにとっては、肉においても主にあっても、なおのことそうではありませんか。」

キリストにあって、新しく生まれたオネシモ

獄中にいたパウロは、逃亡奴隷だったオネシモのために彼の主人ピレモンに対して愛による懇願のことばを書き、その手紙を持たせ、ティキコとともに送り出しました。「主を信じて回心したオネシモのことをくれぐれも頼みます」という思いで、この短い個人的な手紙を書いたのです。

一～七節は手紙の序文であり、そこにはピレモンの信仰の歩みに対する称賛のことばが記されています。信仰の人ピレモンに対してパウロは、自分の信仰を見つめ直すことを促し、さらなる信仰の成長段階へと進んで、愛の人として成熟するようにと語りかけたのでした。

続く八～一六節はいよいよ本題に入ります。それはオネシモのためのとりなしのことばとなっています。したがって、内容の焦点はオネシモという人物に自然と向けられていきます。

九～一〇節を見ると、「このとおり年老いて、今またキリスト・イエスの囚人となっているパウロが、獄中で生んだわが子オネシモのことを、あなたにお願いしたいのです」と書いています。

オネシモは、コロサイの町に住むピレモンの家の奴隷でした。詳しい事情はわかりませんが、家の金品を盗んだのか、あるいは主人に対して何か損害を与えたからか、あるいは奴隷の束縛から解放されて自由となるためか、とにかく主人のもとを逃げ出してしまったのです。

帝国の中心で、多くの人で賑わう大都市ローマへオネシモは逃げたのでしょう。それがどういう旅路であったのか、悪く言えば逃走経路ですが、まったく不明です。彼は、大勢の人が行き交う都会に取り紛れながら、皇帝に上訴して裁判を待って監禁状態にあったパウロのもとにたどり着きます。意図してパウロを訪ねたのか、まったくの偶然のようにしての遭遇なのかはわかりません。オネシモがそのときに何歳であり、それまでの人生でどんな経験や出会いがあったのかもわかりませんが、間違いなく彼の人生を大きく変える出来事が、ローマにいる囚われの身であったパウロとの出会いで起こったのです。それはまさしく運命の出会いでした。

オネシモは、パウロが囚人の身でありながら、活力に満ち、平安と喜びに満ちあふれ、海のように広く深い愛と寛容の心を持った人物であることを感じ取って、その不思議な磁力によって自然と引き寄せられていったのでしょう。言うまでもなく、その磁力はパウロのうちにおられるキリストでした。ガラテヤ人への手紙にあるパウロのことばです。

「もはや私が生きているのではなく、キリストが私のうちに生きておられるのです。今私が肉において生きているいのちは、私を愛し、私のためにご自分を与えてくださった、神の御子に対する信仰によるのです」(二・二〇)。

オネシモは、パウロからキリストについて聞き、罪の赦しを与える十字架のみわざ、新しいいのちをもたらす復活のことを聞いて、心から悔い改めて、主を信じました。主にあって新しく生まれたのです。

「だれでもキリストのうちにあるなら、その人は新しく造られた者です。古いものは過ぎ去って、見よ、すべてが新しくなりました」(Ⅱコリント五・一七)。

このみことばのように、どんな人でも、新しく生まれることができます。若くても、年老いていても、身分や立場の違いも関係ありません。オネシモは奴隷の身分であり、そのうえ、主人の家から逃げ出して来た人です。もしかすると金品を盗んだ泥棒、犯罪者だったかもしれません。オネシモは自分の現状を考えると、人間的には救いとなることを何一つ見出せない絶望的な状況にありました。けれども、キリストにあるならば、新しく生まれ変われるし、救われるのです。同じ時に書かれたコロサイ人への手紙でパウロはこう書いています。

「新しい人を着たのです。新しい人は、それを造られた方のかたちにしたがって新しくされ続け、真の知識に至ります。そこには、ギリシア人もユダヤ人もなく、割礼のある者もない者も、未開の人も、スキタイ人も、奴隷も自由人もありません。キリストがすべてであり、すべてのうちにおられるのです」(三・一〇～一一)。

「奴隷も自由人もありません」と書いたときにパウロの脳裏にはオネシモの顔が浮かんでいたのかもしれません。私たちがどういう者であるのか、過去何があったのかは、救いを受けるためには、何の障害にもなりません。心を開いて、ありのままの姿で主の懐に飛び込むことです。

役に立つ者へと変えられたオネシモ

一一節を見ましょう。

「彼は、以前はあなたにとって役に立たない者でしたが、今は、あなたにとっても私にとっても役に立つ者となっています。」

オネシモが別人のように変えられたことが記されています。オネシモという名前は、当時の文献資料によると、奴隷にはよくあるものだったそうです。そして、この名前の意味は、ギリシア語で「役に立つ者」あるいは「有益な者」です。ところが、オネシモは主人のピレモンからすれば、役に立つ者どころか損害を与えて逃亡してしまったわけですから、無益で役立たずの存在だったでしょう。けれども信仰を持って救われた今のオネシモは、以前の彼とは違う、とパウロは書きました。オネシモはその名前どおりの人、「役に立つ者」へと変えられたのです。

一一節、「役に立つ者」は、原語では、よく使うことができるという意味があり、有用な、有益なということです。フランシスコ会訳では「かけがえのない者」と訳していました（『新約聖書』フランシスコ会聖書研究所訳注、サンパウロ）。その訳が示しているとおり、単にいろいろな役に立って便利に使える人というのではなく、むしろ無くてはならない大切な人ということです。

たとえこの世があなたの代わりはいくらでもいると言って、切り捨てるようなメッセージを発しても、神の恵みによる福音は、それがまったくの間違いであることを教えています。キリストにある新しい人は神の御前にかけがえのない存在であり、だれも代わりが利かないことを宣言しているのです。神の愛がわかって、生きる喜びを知ったオネシモは、当然、その生き方、働き方がまったく変わったことでしょう。

ある人が言いましたが、このかけがえのなさとは、世界を神のご計画という大きな絵と考えたときに、あなたというパズルのピース一つでも、もし無くなってしまったならば、その絵は完成できず、ご計画は成就できないという意味なのです。私たち一人ひとりもそのような存在であることを自覚するとともに、他の人に対しても、このメッセージを繰り返し伝えるよう励みたいと思います。

福音のために仕える者と変えられたオネシモ

一三節でパウロは自分の願いを真っ直ぐに述べています。

「私は、彼を私のもとにとどめておき、獄中にいる間、福音のためにあなたに代わって私に仕えてもらおうと思いました。」

パウロに出会うまでのオネシモは、自分のためにどう生き延びようかと必死でした。けれども、これからはもう何からも逃げなくてもよいのです。パウロと同じようにキリストに捕らえられたからです。

不思議なことに、キリストにつかまると、キリストのものとされているので、もう安全なのです。何も恐れなくてよいのです。心の重荷をすべて下ろし、罪赦された者、義とされた者へと変えられたからです。他のどんな被造物が追いかけて来ようと、何も心配する必要はありません。さらに主にあって明確な生きる目的と方向性が与えられます。神に仕えること、そして自分の前に神が置かれた人々に仕えていくことがその中心的な使命となります。そのようにして、神のしもべとして生きていくのです。

一節と九節でパウロは自分を「キリストの囚人」と呼びましたが、一三節、「獄中にいる間、福音のため……」のところも、直訳すると「福音の獄中にいる私に……」となります。「福音の獄中」とは奇妙な表現です。福音のために獄中にいるということですが、それだけでなく、福音に自分が捕らえられていることも示唆しています。福音のことばに捕らえられ、福音に仕える者となったパウロを通して、オネシモも福音に捕らえられ、その生き方が根本から変わり、福音の仕え人となったのでした。これからは何からも逃げる必要はなく、ただ福音のために生きていくオネシモとなりました。

主人ピレモンの愛する兄弟とされたオネシモ

一四節でパウロはピレモンに、強制ではなく自発的な愛で、この願いを聞き入れてほしいと迫ります。そのうえで、一五〜一六節の感動的なことばを述べます。

「オネシモがしばらくの間あなたから離されたのは、おそらく、あなたが永久に彼を取り戻すためであったのでしょう。もはや奴隷としてではなく、奴隷以上の者、愛する兄弟としてです。」

「オネシモがしばらくの間あなたから離されたのは」とありますが、この「離された」という受け身の過去形は、神的受動態と呼ばれているものです。このことの背後に目に見えぬ神の不思議な導きがあったとパウロは語ります。主人ピレモンにとって、奴隷オネシモの逃亡は腹立たしい出来事だったでしょう。しかしその不幸な事件さえも、神の偉大なご計画と恵み深い導きの中で、善なることと変えられたのでした。創世記のヨセフのセリフを思い出します。

「あなたがたは私に悪を謀りましたが、神はそれを、良いことのための計らいとしてくださいました。それは今日のように、多くの人が生かされるためだったのです」（創世五〇・二〇）。

神は、オネシモの逃亡さえも、ピレモンにとって「良いことのための計らい」とされたのでした。それは、ピレモンが「永久に彼を取り戻すため」の計らいでした。

私たちの人間関係においても、同様のことが起こることがあります。親と子どもとの間や、友人との関係において、何かが起こって地理的に、あるいは心理的に大きな距離が生じてしまいます。互いの関係にヒビが入って、遠く引き離されてしまいます。多くの場合、そのときにはたいへんな痛みが生じます。悲しみに暮れることもあるでしょう。けれども「しばらくの間……離された」ことによって、それぞれに神からのお取り扱いを受ける時間を与えられます。そして自らを見つめ、相手を正しく知り直すことになって、その関係が成長して深められ、刷新されることが起こるのです。

オネシモは、ピレモンにとって、これまで家の奴隷の一人、使用人にすぎませんでした。当時の感覚でいえば、奴隷身分の者は、その家の単なる労働力であり、道具でしかなかったでしょう。おそらく一人の人間として、人格としては認められていなかったでしょう。けれども、この出来事を通してピレモンは、新たな主にある兄弟を得ることになりました。神の恵みの働き、主の福音は、ときとして私たちを激しく揺さぶり、動かして、私たちが想像もしなかったあり方へと造り変えて、キリストにある神の国の働きに導いて行くのです。

奴隷制度が当たり前の社会の中で、福音は暴力的な革命によってではなく、人間一人ひとりの心をその内側から変えていくことによって、その後の社会のあり方そのものを覆して、その制度を駆逐していきました。奴隷であったオネシモが、福音によって、一人の人間として、主にある愛する兄弟として、主人ピレモンに受け入れられていったことを、この書の存在は力強く証ししています。これは今日の国際社会で当然のように主張され、重んじられる、すべての人間の平等性や人権思想にもつながるものです。

3　愛の犠牲

〈ピレモン一七～二五〉

「ですから、あなたが私を仲間の者だと思うなら、私を迎えるようにオネシモを迎えてください。もし彼があなたに何か損害を与えたか、負債を負っているなら、その請求は私にしてください。私パウロが自分の手で、『私が償います』と書いています。あなたが、あなた自身のことで私にもっと負債があることは、言わないことにします。そうです、兄弟よ。私は主にあって、あなたの厚意にあずかりたいのです。私をキリストにあって安心させてください。

私はあなたの従順を確信して書いています。私が言う以上のことまで、あなたはしてくださると、分かっています。同時に、私の宿も用意しておいてください。あなたがたの祈りによって、私はあなたがたのもとに行くことが許されると期待しているからです。

キリスト・イエスにあって私とともに囚人となっているエパフラスが、あなたによろしくと言っています。私の同労者たち、マルコ、アリスタルコ、デマス、ルカがよろし

く と言っています。
主イエス・キリストの恵みが、あなたがたの霊とともにありますように。」

手紙でやりとりされていた時代

ピレモンへの手紙はパウロ書簡中、最も短いものですが、世界で一番短い手紙として伝えられているのは、作家ヴィクトル・ユーゴーが『レ・ミゼラブル』の売れ行きを出版社に聞いたときのやりとりであるということです。ユーゴーは手紙で一文字「?」(疑問符のクェスチョンマーク)を書いて送ったところ、出版社からの返事は「!」(感嘆符のエクスクラメーションマーク)の一文字でした。一言でいうと、「売れていますか?」に対して、「ええ、すごく売れていますよ!」ということです。

ピレモンへの手紙はそこまで短くはありませんが、差出人と宛先の人との間に通じ合う心があったので、短いことばでも確実なコミュニケーションが可能だったのでしょう。

新約聖書には、このパウロの手紙を含めて、多くの書簡が収められています。今のように、電話や、メール、SNSなどで簡単に連絡が取れない時代です。直接会いに行くにも、今のような陸海空路の便利な交通手段はなく、多くの時間と体力、そして様々な危険や困難がありました。

歴史家フェルナン・ブローデルが著書の『地中海』（浜名優美訳、藤原書店）に、一五〇〇年ごろの郵便配達事情を記しています。それによると、ヴェネツィア（イタリア）からコンスタンティノープル（トルコ）まで書簡が届くのに、平均して一か月余り（三十四日）かかったということです。ローマにいたパウロからコロサイのピレモンの距離と大差ありません。しかし、それよりもはるか昔のこと、この手紙が書かれた時代（おそらく紀元六一年ごろ）では、それ以上の日数が必要だったかもしれません。とにかく、人の足を使って運ばれたのですから。今の感覚からすれば、とてももどかしいというか、不便な状況の中で手紙がやりとりされていました。

軟禁状態のパウロは、窓から差し込む光の下、あるいは揺らめく灯火に照らされるなか、心を込めて一文字一文字を記していったでしょう。そしてティキコやオネシモが旅立った後、その手紙が何十日もかけて無事にピレモンのもとへ届けられることを心に思いながら、手紙の依頼結果もすべて主に祈りつつ委ねていたでしょう。

この書を何度も読み返して感じるのは、よくもこれだけの短い手紙の中に、非常に難しい依頼内容を過不足なく書き表せたものだという驚きです。逃亡奴隷オネシモの罪を赦して、しかも愛する兄弟として受け入れてほしいという重たい内容です。それを十分に言い表し得ているパウロの筆力に感嘆せずにはいられません。パウロとピレモンとのやりとりを記した通信履歴を現代の私たちが見て確認することはできませんが、この手紙が後代まで残されて、新約聖書の一書とされたことによって、ピレモンがどのような応答をパウロにしたのかは想像できるでしょう。

とりなしをする人パウロ

この一七節から文章表現が変わってきます。一つは、パウロが自分のことを指して、「私は……」ということばを多く使っていることです。一七節、「私を仲間の者だと思うなら、私を迎えるように……」とか、一九節、「私パウロが自分の手で、『私が償います』……」などです。原文ギリシア語には、動詞そのものに何人称であるのかを表す語形が含まれていますが、一九節と二〇節では、強調するために、あえて人称代名詞のエゴー（「私は」）が使われています。このことから、一七節以降については、パウロの姿に注目していくことにしましょう。

それから、もう一つの変化は、これまでのところではあまり使われていなかった命令形の表現（「〜してください」）が散見されることです。一七節以降に、命令形の文章が四つあります。一つめは「(オネシモを) 迎えてください」であり、二つめは「請求は私にしてください」、三つめは「私を安心させてください」で、四つめは「(宿を) 用意しておいてください」です。

こうした文章の流れは、パウロがことばのコミュニケーションにおいて、いかに心を配る人であったのかを教えてくれます。

最初の一～七節で、宛先のピレモンの信仰の歩みを確認して感謝の思いを表します。この最初が肝心です。互いの関係を、この場合、信仰による関係を共に確認し、喜び、相手に感謝を伝えます。このことを飛ばして、自分の願いや言いたいことだけを伝える人は、深くて成熟した交わりを持つことができません。

そして二番目に、パウロは八～一六節で、お願いする内容とその根拠となる事柄を注意深く書いています。そこで、依頼内容の中心のオネシモについて、彼がどのように変わったのかを明確に記しています。けれども、ここでは一つも命令形の表現を使いませんでした。むしろ、ピレモンの信仰による愛の心にじわりと訴えます。

ところが、三番目の一七節からは、具体的でストレートにパウロの思いを示すのに、あえて命令形表現を使って、はっきりとした確証を得るためにピレモンに念を押します。この手紙が届けられるときには、この書簡と一緒に旅をして来たオネシモがピレモンの目の前にいることになります。オネシモのその後の人生は、主人ピレモンの自由な決断と裁量に委ねられていました。そこでパウロは自分の顔が思い浮かぶような『私は』表現」を連発し、語調を命令形に変えて、懇願のことばを記したのです。

それにしても、「私を迎えるようにオネシモを迎えてください」とは、一〇節で「わが子オネシモ」と語り、一二節で「彼は私の心そのものです」と合わせて、これ以上の推薦のことばが見当たらない文章です。キリストの愛によって一つに結び合わされた信仰に基づく、とりなしのことばであったことに感動してしまいます。

一方で、パウロが自らの体を張って行うとりなしのあり方は、私たちの心を探ります。とりなしの祈りにおける愛、あるいは一人のたましいを導く際の伝道の姿勢は、パウロのそれと比べて自分はどうなのかと思わずにいられません。

身代わりとなって背負う人パウロ

一八〜一九節を見ましょう。

「もし彼があなたに何か損害を与えたか、負債を負っているなら、その請求は私にしてください。私パウロが自分の手で、『私が償います』と書いています。」

『新改訳2017』になって、カギ括弧付きで「私が償います」と訳されて、より印象的にパウロの思いが伝えられています。「償います」と書いたのは、オネシモが何か物品を盗んで損害を与えたのか、それとも逃亡したというだけでも、その期間の労働力を奪って、損害を与えたということなのか、具体的なことはわかりません。けれども、パウロはピレモンが被った損害をオネシモの代わりに自分が引き受けると、自らの手で書くことで、日本でいう署名捺印をして、その確約を示したのでした。

自分の負債ではなく、他の人の債務を引き受けるというのは尋常のことではありません。ここを読んでいて、私は二つのことを思い出しました。一つは、良きサマリア人のたとえ（ルカ一〇・三〇〜三七）です。二四節に名前のある、パウロのそばにいた同労者ルカによって記録された主イエスのたとえ話です。強盗に襲われ、半殺しにされて倒れているユダヤ人を、通りがかりのサマリア人が傷の手当てをしたうえ、宿に連れて休ませ、主人にこう言います。

「介抱してあげてください。もっと費用がかかったら、私が帰りに払います」（ルカ一〇・三五)。

隣人を愛するとはどうすることなのかを主イエスは語られました。そのとおりに、ここでパウロが現実の生活において実践して見せているのです。パウロが、傷つき倒れた哀れな罪人オネシモにとって良き隣人、良き友となっていることを私たちは知ります。

もう一つ、この「償い」は、聖書が繰り返し伝えている「贖い」を思い起こさせてくれます。ルツ記の終わりで、買い戻しの権利のある親類が、今は亡きエリメレクの土地を買い戻すには未亡人のモアブ人ルツを引き受けなければならないことを聞かされて尻込みをします。そこでボアズがルツを引き受けて、買い戻し、すなわち贖いをするのです(四章)。これは私たちを贖い出してくださるために十字架にかかったイエス・キリストにつながる話です。ルツ記は巻末に系図を記し、ボアズがダビデの先祖となったことを告げています。そしてマタイの福音書で、このボアズは真の贖い主イエス・キリストの系図につながりました(一・五)。

「私が支払います」、「償います」とパウロは言いましたが、彼の念頭にあったのは、この自分のために身代わりとなって十字架にかかり、贖いの代価を払ってくださったキリストのことでした。それゆえパウロは、キリストにあって生きることを、この手紙を通しても証ししているのです。

ピレモンへの手紙を最初からよく読んでみると、この文書が伝えたかったことは、究極的には、やはりキリストのことであったことに気づきます。実際、全部で二十五節しかないこの短い文書の中に、最も多く彼が書いてきた名前は、「イエス・キリスト」でした。キリストを指し示す直接的な言及は、この書に少なくとも九回あります（一、三、五、六、八、九、二〇、二三、二五節）。

このようにキリストを指し示した手紙となっていることは、同時期にパウロが書いたコロサイ人への手紙を読めばよく理解できるでしょう。パウロがキリストにいかに集中していたかを確認できます。コロサイ人への手紙の中心は一言でいえば、「すべてはキリストである」ということです。そのことがよく表れている箇所を見ておきましょう。

「なぜなら、天と地にあるすべてのものは、見えるものも見えないものも、王座であれ主権であれ、支配であれ権威であれ、御子にあって造られたからです。万物は御子によって造られ、御子のために造られました」（一・一六）。

ここでは、「御子にあって」、「御子によって」、「御子のために」と強調されていることがわかります。パウロが大胆にも示したキリストの全体性、絶対性が、ここに明らかに表現されています。全被造物、この世界は、御子にあって包括され、御子によって創造され、御子という目的のために造られました。すべてはキリストなのです。

主の愛と赦しに生きるパウロ、ピレモン、オネシモ

二〇～二五節には、私を安心させてほしいと述べ、宿の用意を依頼することばが続きます。そして、最後にパウロとともにいる信仰の仲間、同労者たちからのあいさつが記され、キリストの恵みを祈って手紙は閉じられます。

宿の用意を頼んでいるところから、そのうちに現在の軟禁状態が解かれて、ピレモンがいるコロサイへパウロが訪問できる可能性を示しています。それが実現すれば、おそらくオネシモとも喜びの再会となることでしょう。オネシモを主にある兄弟として受け入れたピレモンとその家族（たぶん、アッピアやアルキポ）とパウロの交わりでは、キリストがその交わりの中に確かに生きておられることを、ピレモンの家の教会の人々も目撃し、感動を共にすることでしょう。

愛する兄弟としてオネシモを迎えるということは、非常に難しいことだったでしょう。

今日では奴隷制度や、人を身分や立場で分け隔てすること自体が悪いことであるとの認識が行きわたっていますが、今から約二千年前の時代に、その制度や慣習に従わないということは、よほど大変なことであったと思います。それはおそらく、だれもが当たり前と思っていること、常識として理解されている普通のことを破ることであり、尋常でないあり方、異常にさえ見えることを実践することでした。

主人ピレモンに損害を与えたうえに、逃亡してしまった奴隷のオネシモについて、信仰に回心したからといって、主人と奴隷の立場を乗り越えるというのは並大抵のことではなかったでしょう。この手紙をピレモンが受け取った後、オネシモに対して取ったピレモンのことばや姿勢の変化に、おそらく周りの人々は戸惑いを覚え、奇妙な思いを抱いたことと思います。主にある信仰というものが、この世界や時代の常識感覚を超えるものであることが、ここに示されています。

先日、『赦された者として赦す』(グレゴリー・ジョーンズ、セレスティン・ムセクラ著、岡谷和作、藤原淳賀訳、日本キリスト教団出版局)という本を読んで、心を打たれました。一九九四年ルワンダで大虐殺が起こり、一〇〇日間で約一〇〇万人が殺されました。その後も一九九八年まで虐殺後の復讐などで殺戮行為が繰り返されました。著者の一人セレスティン・ムセクラ氏は、父親や親類、多くの仲間をそれらのことで失いました。留学先のアメリカで訃報を聞いた著者は、悲嘆と怒りの思いでいっぱいになりました。けれどもその後、神から次の語りかけを聞いたそうです。

「あなたは人々に悔い改めと赦しについて教えています。……今度はあなたが、私がどこにいたのかと問うことなく、あなたの親族を殺した人々を赦す番です。……あなたが選ぶのです。赦してその後のことは私に任せるか、赦さずにあなたの自由と喜びと平和を捨てるかです。あなたは自ら教えることを実践しない偽善者になるか、もしくは赦しに値しない者たちに、赦しという贈り物を与える傷ついた癒やし人になるかを選びなさい」（二一二頁）。

著者はその後、教会リーダーの訓練と紛争解決の働きや和解のミニストリーに従事しておられます。私は、赦しこそ神のすばらしい奇跡であることをあらためて教えられました。そしてその赦しに生きることが、自分を含めてすべてのキリスト者に求められていることを心に刻みました。

この本が示している「赦しの共同体」となることは、もちろん人間的には不可能なことのように見えるかもしれません。しかし、ピレモンへの手紙全体が示している、キリストの愛と赦しの心に生きることはまさにそのことなのです。神に赦された者として、赦すこと、それが私たち一人ひとりに対する、神からの大きなチャレンジです。赦しによる平和主義を歴史的に継承してきたメノナイト派に属する私たちが、心にしっかりと刻むべきことです。そして、ますます非寛容的な傾向を強めているこの社会に向けて、日本の教会がことばと行いをもって発信していくメッセージの中心がここに明らかにされていることを信じたいのです。

おわりに

本書の内容は、日本メノナイトブレザレン教団石橋キリスト教会の主日礼拝において、筆者が連続講解説教した原稿をもとにして書いたものです。二〇一八年六月から八月にかけてテトスへの手紙から語り、二〇一九年六月にはピレモンへの手紙から説教奉仕をしました。ただ、本シリーズのかたちに合わせるため、特にテトスへの手紙についてはある程度の加筆や修正を施しました。

テトスへの手紙を講解しているときは、会堂建設の最中でした。ちょうど移転先の場所に建築中の新しい会堂が完成間近になって、様々な準備に追われ、教会全体があわただしくしていました。また、そのことと共に、所属教団の神学校と事務所となるもう一つの建物も同じ敷地内に同時並行で建設され、教団の法人代表も兼務していたため、そちらのこともいろいろとありました。教会の働きと合わせて、ここ数年間はそのことにも多くの時間と労力を費やすことになりました。

振り返ると、たいへんだったこともありましたが、それをはるかに上回る主の恵みを受けてきたと、今は感じています。実際の課題を通るなかで、神の恵みによる助けとしか言いようがないと思うことの連続でした。特に、教会堂を建てることと、教団施設の建物を建てることの両方において、多くの人たちによって構成されたチームで、それぞれの賜物を生かして、各役割と責任を担い、奉仕することができました。奉仕をしながら、皆がそのプロセスを通して、主にあって一つとされていくという手応えを感じ、大きな喜びを味わいました。土地探しから、資金準備や設計の相談、そして実際の建築と、完成に至るまでに、いろいろな困難に直面しましたが、皆と相談し、一生懸命祈ってきました。その都度、不思議と予想もしなかったような導きと助けが与えられて、乗り越えることができました。

この建設プロジェクトに携わった方々は、異口同音に「すべては神の恵みだった」と証ししています。建築物を建てることと、目に見えない内なる教会（キリストのからだ）を建て上げていくことの間にはもちろん違いはありますが、霊的に教えられるところが多くあり、牧会と宣教の働きについて様々なヒントをいただきました。意図したことではありませんが、それらの教えられた内容が、このテトス、ピレモンの両書の講解に反映していると感じます。拙書が、お読みくださる方々の信仰生活のために、少しでもお役に立つことを願うばかりです。

礼拝におけるこの足らざる者の説教に耳を傾け、いつも祈り、愛をもって支えてくださっている石橋キリスト教会の兄弟姉妹と、共に牧会の働きを担ってくださっているスタッフの方々に、まず感謝をささげます。また、所属教団の多くの同労の牧師たちによって、いつも牧会の恵みを教えられ、励まされてきました。そして、このたびの出版にあたって、いのちのことば社編集長の長沢俊夫様には、お声かけから出版に至るまで、いろいろとお世話になり、感謝申し上げます。

最後に、私の説教の良き聞き手であり、いつも陰で支えてくれている妻めぐみに感謝することを許していただきたいと思います。

二〇一九年十月

船橋　誠

健全な教えとキリストの心

2019年12月15日 発行

著 者 船橋 誠
印刷製本 日本ハイコム株式会社
発 行 いのちのことば社
〒164-0001 東京都中野区中野2-1-5
電話 03-5341-6922（編集）
03-5341-6920（営業）
FAX03-5341-6921
e-mail:support@wlpm.or.jp
http://www.wlpm.or.jp/

ISBN 978-4-264-04092-7

◆シリーズ　新約聖書に聴く◆

袴田康裕著
〈コリント人への手紙第一に聴くⅠ〉教会の一致と聖さ
定価二、〇〇〇円＋税

袴田康裕著
〈コリント人への手紙第一に聴くⅡ〉キリスト者の結婚と自由
定価二、〇〇〇円＋税

内田和彦著
〈ペテロの手紙第一に聴く〉地上で神の民として生きる
定価一、六〇〇円＋税

遠藤勝信著
〈ペテロの手紙第二に聴く〉真理に堅く立って――ペテロの遺言
定価一、五〇〇円＋税

（重刷の際、価格を改めることがあります。）